AF385064

UNIVERSITÉ DE FRANCE.

ACADÉMIE DE STRASBOURG.

ACTE PUBLIC
POUR LE DOCTORAT

PRÉSENTÉ

A LA FACULTÉ DE DROIT DE STRASBOURG,

ET SOUTENU PUBLIQUEMENT

LE MARDI 1er FÉVRIER 1859, A MIDI,

PAR

JUSTE-LOUIS-ARTHUR BENOIST,

AVOCAT A NANCY.

STRASBOURG,
IMPRIMERIE DE G. SILBERMANN, PLACE SAINT-THOMAS, 3.
1859.

FACULTÉ DE DROIT DE STRASBOURG.

MM. Aubry ❋ . . . . doyen et prof. de Droit civil français.
Hepp ❋ . . . . professeur de Droit des gens.
Heimburger . . . . . professeur de Droit romain.
Thieriet ❋ . . . . . professeur de Droit commercial.
Schützenberger ❋ . professeur de Droit administratif.
Rau ❋ . . . . professeur de Droit civil français.
Eschbach . . . . . . professeur de Droit civil français.
Lamache ❋ . . . . . professeur de Droit romain.
Destrais . . . . . . professeur de procédure civile et de
législation criminelle.

Bloechel ❋ . . . . . professeur honoraire.

Lederlin . . . .
Marinier . . . . } professeurs suppléants provisoires.

Bécourt, officier de l'Université, secrétaire, agent compt.

MM. Schützenberger, président de l'acte public.
Rau,
Eschbach,
Lamache,
Zæpffel, } examinateurs.

---

*La Faculté n'entend approuver ni désapprouver les opinions
particulières au candidat.*

DROIT ROMAIN.

Introduction.

« Les familles, disait Portalis à la tribune législative, sont la pépinière de l'État, et c'est le mariage qui forme les familles. De là, les règles et les solennités du mariage ont toujours occupé une place distinguée dans la législation civile de toutes les nations policées. »

On comprend que le mariage, par sa nature, ses caractères et sa fin a dû partout être considéré non-seulement comme un des actes les plus importants de la vie civile, mais encore comme une institution à laquelle est lié le sort des États : telle est la pensée qui a surtout inspiré le législateur romain. La famille à Rome était avant tout une institution organisée dans des vues politiques, plutôt que basée sur les sentiments de la nature et les règles de l'équité. Ce peuple, au génie puissant, dont nous admirons dans notre enfance les vertus guerrières et les conquêtes, et dont, plus tard, nous admirons davantage encore la législation, semblait vouloir exercer sur les familles ce pouvoir énergique et souverain qu'il devait imposer aux nations sans nombre qui, dans la suite des siècles, tombèrent sous sa domination.

La famille romaine, dans les temps primitifs, repose sur une association hiérarchique et inflexible ; elle forme un état dans l'État. Aspirant à tout synthétiser, la loi concentre tout l'intérêt social sur quelques têtes :

le chef de famille est roi, et roi des plus absolus, son pouvoir se résume en trois mots, mais bien terribles et bien effrayants : *jus vitæ necisque.* Avec de tels principes, le mari ne devait nécessairement pas être pour la femme un protecteur, mais bien plutôt un maître ombrageux; aussi, le mariage n'est-il jamais ce lien intime et sacré qui identifie l'une à l'autre deux existences jusque-là distinctes, et, tout en maintenant le pouvoir du mari sur l'épouse, adoucit singulièrement le joug de celle-ci par la dignité dont il l'entoure. Toutefois, dans l'étude de cette législation, il est difficile de ne pas admirer cette imposante unité de la famille qui fit la force de Rome, et qui hâta le développement majestueux du peuple-roi; il est difficile de ne pas considérer avec intérêt les différentes phases par lesquelles cette institution a passé : on peut saisir ses aspects divers, on peut la suivre pas à pas, et la voir avancer vers son but à mesure que la société avance en lumière et en civilisation.

« Romulus et ses successeurs, dit Montesquieu, furent presque toujours en guerre avec leurs voisins pour avoir des citoyens, des femmes ou des terres.[1] » C'est dire que le rapt et l'enlèvement précédèrent les formes premières du mariage qui furent le commencement de la constitution légale des familles; l'union de l'homme et de la femme ne fut plus dès lors un acte physique momentané, mais un fait humain, fondé sur la communauté d'existence. Toutefois, l'État romain fut encore pendant des siècles une fédération de familles dont le chef avait tous les droits, tous les pouvoirs : la femme n'était qu'un membre non actif de la société,

[1] *Grandeur et décadence des Romains*, chap. 1er.

toujours soumis à la puissance d'autrui, soit de son père, soit de son mari, soit de son tuteur. Son émancipation fut lente et tardive, mais peu à peu la civilisation égalisa sa position, et, sous Justinien, les femmes jouissaient d'une égalité civile presque complète avec les hommes.

Titre premier.

Des principes qui régissent le mariage jusqu'à l'ère impériale.

CHAPITRE PREMIER.

DES JUSTES NOCES.

A la division tripartite d'Ulpien en droit naturel, droit des gens, droit civil, on peut faire comprendre les trois termes de l'union des sexes : *contubernium, concubinatus, justæ nuptiæ*. Les deux derniers termes sont les seuls reconnus par la loi, le premier n'existe que d'après la nature. Nous nous occuperons d'abord des *justæ nuptiæ*.

Nuptiæ autem, sive matrimonium est viri et mulieris conjunctio individuam vitæ consuetudinem continens[1]. Cette définition, vraie dans les temps primitifs de Rome, ne l'était plus dans les premiers siècles de l'ère impériale, lorsque Sénèque pouvait écrire : «Les femmes même de haut rang ne comptent plus leurs années par les noms des consuls, mais par ceux de leurs maris. Le divorce est le but du mariage, et le mariage le but du divorce[2]. »

---

[1] Inst., lib. I, tit. 9, § 1.
[2] *De beneficiis*, l. 3, chap. 16.

Les *justæ nuptiæ* donnent la puissance paternelle, les droits d'agnation, en un mot, tous les droits civils découlant du mariage : les époux prennent le nom de *vir et d'uxor*. Le mariage est parfait par le seul consentement, *solus consensus facit nuptias;* la *deductio* n'est qu'une preuve, comme l'*instrumentum dotale ;* on a toutefois lieu de s'étonner de ce fait chez un peuple qui professe un si vif amour de la formule, qui en est esclave, qui l'adore presque comme un dogme, mais les textes positifs du Digeste ne nous permettent pas de partager l'avis contraire soutenu par M. Ortolan[1]. Quant aux autres formalités qui accompagnaient le mariage, elles n'étaient pas plus nécessaires à sa validité que ne le sont de nos jours certains usages à peu près analogues. La plupart de ces formes étaient symboliques, et faisaient, par leur grâce et leur douceur, un étrange contraste avec le pouvoir despotique et rigoureux du mari : ainsi, l'anneau échangée figurait l'union des cœurs; les clefs de la maison données par le mari à la femme, les bandelettes de laines, représentaient la confiance et l'indissolubilité de l'union; la réception par l'eau et par le feu indiquait les deux éléments symboliques de la reproduction ; on prenait la nature à témoin des serments prononcés.

SECTION PREMIÈRE.

DES FIANÇAILLES.

Avant d'entrer dans l'étude des diverses conditions nécessaires à la validité du mariage, disons quelques

---

[1] *ff. De spons.*, l. 11, lib. 23, tit. 1; Paul, Frag. 4, *De concub.; ff. De pig. et hyp.*, l. 4, lib. 20, tit. 1; *ff. De donat. inter vir et ux.*, l. 66, lib. 24, tit. 1.

mots des fiançailles, qui, suivant la définition de Florentinus, *sunt mentio et repromissio nuptiarum futurarum*[1]. Tout en étant d'un fréquent usage, elles n'avaient rien d'obligatoire; elles se contractaient par le seul consentement des fiancés, donné sérieusement et librement, et, si l'une ou l'autre des parties se trouvait sous la puissance paternelle, le consentement du chef de famille était également requis[2].

Les *sponsalia* se faisaient dans l'origine par interrogation et réponse : les fiancés prenaient le nom de *sponsi*. Cette promesse de mariage consistait en superfluités, bijoux, vêtements, esclaves..... Des arrhes étaient ordinairement données, et celle des parties qui, sans motif légitime, faisait rompre l'union projetée, devait les perdre, peine qui n'était pas applicable à la fiancée mineure[3].

Quant aux cadeaux donnés, si le mariage n'avait pas lieu, ils n'étaient pas restituables, du moins en général[4]. Constantin changea cet ordre de choses, et ordonna que les donations ne vaudraient pas si le fiancé gratifié était cause de la rupture du mariage, tandis qu'elles vaudraient si c'était le donateur qui, par un motif quelconque, empêchait l'union des fiancés[5]. Si la mort venait rompre le mariage projeté, il y avait encore des distinctions à faire : le baiser anténuptial avait-il été donné, la donation était valable pour moitié; ne l'avait-il pas été, elle tombait pour le tout[6]. Ces

[1] *ff. De spons.*, l. 1, lib. 23, tit. 1.
[2] *ff. h. t.*, ll. 4 et 7, § 1.
[3] Cod., *De spons.*, l. 5, lib. 5, tit. 1.
[4] Cod., *De don. ante nupt.*, ll. 10 et 11, lib. 5, tit. 2.
[5] Cod., *h. t.*, l. 15.
[6] Cod., *h. t.*, l. 16.

principes ne s'appliquent qu'au cas où le futur époux
était donateur.

Les fiançailles s'éteignaient : 1° par la mort d'un des
fiancés; 2° par un empêchement au mariage survenu
après la célébration des fiançailles ; 3° par le *repudium*,
soit *volontarium*, soit *necessarium;* 4° par la violation
de la foi promise; et 5° par une différence de religion
entre les parties.

SECTION II.

CONDITIONS EXIGÉES POUR LA VALIDITÉ DU MARIAGE.

Cinq conditions sont exigées pour la validité du mariage : 1° le consentement des deux parties ; 2° celui du
pater familias, et dans certains cas du père; 3° l'âge
requis par la loi; 4° le droit de cité; 5° la non-existence
d'empêchement.

1° *Consentement des deux parties.* C'est la condition
capitale de tout mariage ; on comprend que, pour
un contrat qui aliène la personne tout entière pour un
temps qu'il n'est pas donné de prévoir, il soit indispensable de laisser aux parties la plus grande liberté[1]. De
ce principe il résulte : que le fou ne peut contracter mariage[2], que l'erreur sur la personne rend ce contrat
nul[3], qu'il en est de même de la violence[4].

2° *Consentement du* pater familias, *et dans certains
cas du père.* En présence de la nécessité du consentement des parties contractantes se rencontre aussi la

---

[1] *ff. De ritu nupt.*, l. 2, lib. 23, tit. 2.

[2] *ff. h. t.*, l. 16, § 2.

[3] Cod., *Solut. mat.*, l. 3, lib. 5, tit. 18.

[4] *ff. De ritu nupt.*, l. 22 ; la seule crainte révérentielle ne suffit pas
pour annuler le mariage, *ff.* l. 22, *eodem.*

nécessité du consentement d'autres personnes. L'enfant doit respect et obéissance à ses parents, c'est surtout à l'occasion de l'acte le plus important de la vie qu'il doit leur offrir le témoignage de ses sentiments et demander à leur expérience cette connaissance du monde qui échappe à la jeunesse. Le consentement dérive de la puissance paternelle, aussi n'est-il jamais demandé à la mère : le *pater familias* le donne, soit expressément, soit tacitement[1]. En cas de mariage d'un petit-fils, le consentement de l'aïeul et du père est nécessaire[2]. Cette disposition est fondée sur deux principes : 1° En ne demandant pas le consentement du père, les enfants du fils deviendraient un jour héritiers siens de leur aïeul qui n'aurait pas consenti au mariage dont ils seraient issus; 2° en ne demandant pas le consentement du *pater familias*, on violerait les règles les plus certaines et les plus élémentaires du droit de puissance paternelle. L'enfant émancipé n'avait besoin du consentement de personne; toutefois les constitutions des empereurs obligèrent la fille mineure de vingt-cinq ans, bien qu'émancipée, à prendre le consentement de son père, et, à son défaut, de sa mère ou de ses proches[3]. S'il y avait mauvais vouloir évident dans le refus de consentement que ferait le père au mariage de ses enfants, les présidents de province pourraient le forcer à autoriser l'union et à régler la dot[4]. Si le consentement du père n'est donné qu'après le mariage consommé, il n'y aura pas, nous le croyons du moins,

[1] Cod., *De nuptiis*, l. 5, lib. 5, tit. 4.
[2] *ff. De ritu nupt.*, l. 16, § 1.
[3] Cod., *De nuptiis*, l. 20.
[4] *ff. De ritu nupt.*, l. 19.

effet rétroactif; il y a lieu de décider, en ce cas, comme en celui d'une jeune fille mineure de douze ans, se mariant par conséquent avant sa puberté [1]. Il peut se trouver des circonstances dans lesquelles le mariage du fils de famille pourra avoir lieu valablement sans le consentement du père : si le *pater familias* est furieux ou en démence, par exemple, il est évident qu'il ne peut consentir, que faire alors? Les anciens jurisconsultes étaient divisés sur le point de savoir si le fils pouvait se marier; pour la fille, on l'admettait sans contestation. Justinien trancha la question en permettant au fils ou à la fille de contracter mariage, après avoir pris l'agrément des parents notables et d'un curateur, et après avoir fait régler la dot et la donation anténuptiale par les autorités que cite la constitution [2]. Enfin, les fils de famille pouvaient se marier sans l'autorisation de leurs parents, lorsque le père était captif ou absent [3]. Aucun contrat n'était exigé pour la perfection du consentement [4].

3° *Age requis par la loi.* L'état de puberté détermine le moment où le mariage, rendu possible par la nature, doit être permis par la loi : dans le premier état du droit, la puberté n'était pas légalement fixée; sous Justinien, l'âge de quatorze ans accomplis pour les garçons et de douze ans pour les filles fut considéré comme preuve de l'état pubère des hommes et des femmes : l'union contractée avant cet âge était illégitime jusqu'au moment où il était atteint [5].

[1] *ff. De ritu nupt.*, l. 4; *De statu hominum*, l. 11.

[2] Cod., *De nupt.*, l. 25.

[3] *ff. De ritu nupt.*, l. 12, § 1; *De capt. et postl.*, l. 12, lib. 49, tit. 15, § 3.

[4] Cod., *De nupt*, l. 2.

[5] *ff. De ritu nupt.*, l. 4.

4° *Droit de cité*. C'est ce qu'on appelait en droit romain *Connubium*, c'est-à-dire cette capacité relative de contracter mariage avec telle ou telle personne, la capacité de se marier ne suffisant pas pour s'unir en justes noces. Ulpien cite cet exemple: *Connubium habent cives romani cum civibus romanis, cum Latinis autem et peregrinis, ità si concessum sit*[1]. D'après la loi des Douze-Tables, le *connubium* n'existait pas entre les plébéiens et les patriciens; ce fut une des causes de ces dissensions qui s'élevèrent si longtemps entre les deux ordres, et la loi *Canuleia* assura le triomphe du peuple sur la noblesse. Cette quatrième condition à la validité du mariage fut supprimée par Caracalla. Les esclaves ne pouvaient jamais avoir le *connubium*[2].

5° *Non-existence d'empêchement*. « D'après une règle commune à presque toutes les nations policées, dit M. Troplong, la famille ne doit pas trouver dans son sein les éléments d'une famille nouvelle. Le sang a horreur de lui-même dans les rapports des sexes; c'est par un sang étranger qu'il veut se perpétuer[3]. » Ces belles paroles, applicables surtout à la législation romaine, sont la base philosophique de la théorie des empêchements au mariage. Les empêchements, outre le *connubium* dont nous venons de parler, peuvent être fondés sur diverses causes qui constituent les noces prohibées : ces dernières sont ou *incestæ*, ou *indecoræ*, ou *noxiæ*.

Les *nuptiæ incestæ* étaient celles qui étaient contractées entre parents ou alliés trop proches. La parenté

---

[1] Ulp., *Reg.*, tit. 5, § 3.
[2] Ulp., *eod.*, § 5.
[3] *Influence du christianisme sur le droit civil des Romains*, 2ᵉ édition, p. 190.

est l'union de deux personnes dont l'une est descendante de l'autre, ou qui, sans descendre l'une de l'autre, descendent d'un auteur commun. La ligne est le lien qui rattache les uns aux autres les membres d'une même famille; le degré s'établit par le nombre des générations. Entre ascendants et descendants en ligne directe, les noces sont prohibées à l'infini[1]; même décision relativement à ceux qui ne sont regardés comme ascendants et descendants qu'à raison de l'adoption, quand bien même cette adoption aurait cessé par l'émancipation[2]. Entre collatéraux, le mariage est aussi prohibé, mais d'une manière beaucoup moins étendue : le frère et la sœur ne peuvent contracter mariage, mais le frère peut épouser sa sœur adoptive émancipée[3]. Toute union est prohibée entre collatéraux qui se tiennent lieu d'ascendants et de descendants; toutefois le mariage est permis avec la fille d'une femme que votre père a adoptée, car on sait que les enfants ne suivent pas la famille de leur mère. Les mariages entre cousins germains ont été déclarés valables par Justinien, après avoir été défendus, puis permis à différentes reprises dans les époques antérieures. « Il n'en fut pas tout à fait de même en Occident, dit M. Troplong, Honorius ne consentit à considérer les mariages entre cousins comme légitimes qu'à la condition qu'ils seraient autorisés par rescrit du prince[4]. »

L'affinité qui est le lien civil que le mariage fait naître entre l'un des époux et les cognats de l'autre,

---

[1] Inst., *De nupt.*, § 1; *ff*. *De ritu nupt.*, l. 14, § 2, et l. ult.
[2] Inst., *De nupt.*, § 1.
[3] Inst., *eod.*, § 2.
[4] *Infl. du christ.*, p. 200.

peut être aussi une cause d'empêchement. La prohibition s'étend à l'infini en ligne directe et s'arrête au deuxième degré en ligne collatérale. Étaient alliés en ligne directe ascendante : le père et la mère de ma femme (*socer, socrus*), la seconde femme de mon père et le second mari de ma mère (*novercæ, vitricus*); en ligne directe descendante : la femme de mon fils et le mari de ma fille (*nurus, gener*), les enfants de ma femme nés d'un premier mariage (*privigni*). Les alliés en ligne collatérale étaient le frère ou la sœur de ma femme et la femme de mon frère. Toutefois le fils qu'un mari a eu d'une autre femme et la fille qu'une femme a eue d'un autre mari peuvent s'épouser, car l'affinité ne se contracte qu'entre l'un des conjoints et les parents de l'autre.

Les *nuptiæ indecoræ* étaient celles qu'une raison de pudeur ou de convenance devaient prohiber. Étaient défendus les mariages : 1° entre les sénateurs ou leurs enfants et les femmes soit affranchies, soit réputées viles et abjectes (*humiles abjectævc personæ*)[1]; 2° entre les ingénus et les femmes publiques ou les comédiennes[2]; 3° entre la femme adultère et son complice, le ravisseur et la fille ravie[3]; 4° entre un mari divorcé et la fille que la femme divorcée a eue d'un autre mariage[4]; la parenté servile, c'est-à-dire celle contractée pendant la servitude, ne produit aucun effet civil après l'affranchissement : toutefois, elle est un empêchement au

---

[1] *ff. De ritu nupt.*, l. 44; la *Novelle* 78, ch. 3, leva cet empêchement.

[2] *ff. De rit. nupt.*, l. 43.

[3] *ff. h. t.*, l. 26; Cod., *De rapt. virg.*, l. unic., § 1.

[4] Inst., *De nupt.*, § 9.

mariage, *quia, in contrahendis matrimoniis, naturale jus et pudor inspiciendus est* [1].

Les *nuptiæ noxiæ* sont prohibées par des motifs puisés dans des considérations politiques, religieuses et d'ordre public. Le tuteur ou son fils ne pouvait épouser sa pupille; le curateur, la mineure dont il était chargé de gérer les biens; le *præses provinciæ* ou autres fonctionnaires de la province, une femme qui avait son domicile dans cette province [2]. Le mariage était défendu aux clercs par le chap. Ier, § 7 de la Novelle 6; et ne pouvait avoir lieu entre les juifs et les chrétiens [3].

Tels sont, en général, les principaux empêchements au mariage; les uns sont fondés sur la nature et les liens du sang, les autres sur les dispositions du droit civil; si quelques personnes s'unissaient en contravention aux empêchements ci-dessus, le mariage était nul d'après les dispositions expresses de Justinien, et n'obtenait les effets légaux du mariage légitime, ni en faveur des époux, ni en faveur de leurs enfants [4]; des peines corporelles pouvaient même être infligées [5]. Cependant, si, lors de la célébration du mariage, une des parties, ou toutes deux, étaient de bonne foi, elles contractaient un mariage *putatif*. Dans ce cas, celui qui était de bonne foi acquérait tous les droits d'un véritable époux, et les enfants étaient considérés comme légitimes [6]. Mais l'époux de bonne foi était tenu, aussitôt qu'il avait découvert son erreur, de rompre son

[1] Inst., *De nupt.*, § 10; *ff. De ritu nupt.*, l. 14, § 2.
[2] *ff. De ritu nupt.*, ll. 57 et 63.
[3] Cod., *De Judæis*, l. 6, lib. 1, tit. 9.
[4] Inst., *De nupt.*, § 12.
[5] Inst., lib. 4, tit. 18, §§ 4 et 8.
[6] *ff. De ritu nupt.*, l. 57, § 1.

union, ou de demander dispense de son empêchement au mariage. Lorsqu'au contraire l'empêchement était connu des deux parties, et que le mariage ne pouvait subsister parce que la dispense ne pouvait être accordée, les enfants étaient regardés comme illégitimes[1].

SECTION III.

SOLENNITÉS DU MARIAGE.

Les lois romaines sur le mariage sont surtout intéressantes à étudier, parce qu'elles sont un miroir fidèle des mœurs si curieuses de ce peuple, qui se reflètent dans ses institutions. Nous avons passé rapidement sur les empêchements au mariage, qui, sauf le développement du principe d'égalité, sont encore à peu près aujourd'hui ce qu'ils étaient il y a deux mille ans, mais nous examinerons avec plus de soin et surtout plus d'intérêt cette puissance maritale qui est, au premier chef, une institution des temps primitifs de Rome, où se peint cette société si fortement trempée, si vigoureusement dessinée. Le peuple romain, à son origine, comme tous les peuples antiques et même plus qu'aucun d'eux, posséda des institutions revêtues d'un caractère rigoureux et durable. Le mariage, comme la propriété et la famille, repose sur l'idée d'une association hiérarchique et inflexible, et c'est pourquoi le mariage avec *manus*, c'est-à-dire avec puissance maritale, a dû précéder le mariage libre, c'est-à-dire sans cette puissance.

Le mariage avec *manus* pouvait être contracté de trois manières : 1° *confarreatione;* 2° *coemptione;* 3° *usu.*

[1] Cod., *De incest. et inut. nupt.*, l. 4, lib. 5, tit. 5.

1° *Confarreatione.* Ce mode était le plus en honneur, il tirait son nom d'une espèce de pain fait avec du froment (*far*), que les époux mangeaient pendant le sacrifice. Il était le plus auguste, et fut toujours réservé aux patriciens, depuis même que les plébéiens eurent participé aux prérogatives des nobles. Les cérémonies étaient fort longues et fort multipliées; le moindre coup de tonnerre, le moindre présage sinistre suffisait pour troubler la fête qu'il fallait ensuite recommencer entièrement. Aussi, était-ce après avoir pris les auspices et après plusieurs cérémonies préparatoires, que l'épouse était conduite au grand prêtre par son père ou par son tuteur assisté de dix témoins : le pontife la recevait de leurs mains, et par une tradition solennelle la faisait passer sous la puissance de son époux. Le grand prêtre réunissait les mains des deux époux en signe d'alliance, rompait le gâteau sacré, et exécutait enfin toutes ces cérémonies qui exprimaient l'association de la femme au mari. Puis venaient ces cérémonies pudiques et allégoriques que M. Michelet a rapporté dans ses *Origines :* «On l'enlevait, dit-il, des bras de sa mère, et elle passait sans toucher des pieds le seuil de la maison conjugale. Lorsque l'époux lui demandait à l'entrée de sa demeure : qui es-tu? Elle répondait: *Ubi tu Gaïus, ego Gaia.* On la faisait asseoir sur une toison. Elle avait apporté un fuseau et une quenouille. Elle entourait de bandelettes de laine la porte de son époux [1].» Le caractère sacré que ce rite imprimait au mariage, cette autorité surnaturelle qui unissait les deux époux, durent être la véritable cause qui empê-

---

[1] P. 20

chèrent de le dissoudre[1]; aussi, dut-il falloir une grande révolution dans les mœurs pour effacer de telles impressions, révolution qui toutefois eut lieu, puisque, pour rompre ce lien qui semblait indissoluble, il fallait une seconde cérémonie appelée *diffareatio*, bien plus difficultueuse que la première, probablement à cause de la répugnance des pontifes à dissoudre ce qu'ils avaient formé. «Les cérémonies de la diffaréation sont lugubres et effrayantes, dit Plutarque, elles expriment l'indignation céleste, et ont pour but d'en conjurer les effets[2].» Le rite de la confarréation fut seulement conservé pour le mariage des pontifes, qui ne s'étaient jamais cru permis pour eux-mêmes de faire usage de la diffaréation. Il dura jusqu'à Domitien.

2° *Coemptione*. Ce rite était civil au lieu d'être religieux comme le précédent; il était plus usité et plus simple, la *coemptio* se faisait par une vente imaginaire en présence du magistrat, de cinq témoins et du *libripens* : il y avait *mancipatio per œs et libram* de la femme, dont le mari se portait acheteur, en mettant une pièce de monnaie (*œs*) dans la balance, et en prononçant quelques paroles sacramentelles ; alors la femme donnait son consentement. Elle apportait trois as : un à la main pour son mari, un autre dans sa chaussure pour les dieux Lares, et un troisième qu'elle mettait dans une bourse pour le déposer ensuite dans son habitation, ce qui signifiait la prise de possession[3]. L'épouse mariée par la *coemptione* avait les mêmes titres et les mêmes droits que celle mariée par la *confarreatione*.

---

[1] Plutarque, *Quæst. Rom.*, 2, 276.
[2] Plutarque, *eod.*, 49.
[3] M. Michelet, *Origines*, p. 21.

L'usage de ce rite fut bien préférable au précédent pour favoriser la dissolution du mariage; on ne fit qu'employer les formes assez simples de la rémancipation qui exprimèrent la répudiation de l'épouse.

3° *Usu.* Ce mode d'acquisition de la puissance maritale dérive d'un chef de la loi des Douze-Tables, qui décidait que le mari acquerrait la *manus* par la prescription d'un an, si la femme ne l'a pas interrompue en s'absentant trois nuits consécutives[1]. L'*usus* ne donnait à la femme que le titre d'*uxor*, elle avait moins de droits que celle qui était mariée soit *confarreatione*, soit *coemptione;* aussi ce mode fut-il celui qui dura le moins de temps: Gaius nous dit que depuis longtemps il avait été aboli par les mœurs et par les lois[2].

D'après ces notions sommaires, on peut voir que le mariage rigoureux pouvait dans l'ancien droit s'opérer de trois manières, mais ces rites ne sont pas des éléments essentiels du mariage, ils ne sont que les moyens d'acquérir sur la femme la puissance maritale. Avant la découverte des *Institutes* de Gaïus, cette question était généralement résolue dans un sens contraire à la vérité; Pothier, toutefois, croyait le mariage légitime et valable sans la puissance maritale[3]. Du temps de Gaius, la *confarreatio* et la *coemptio,* quoique très-rares, existaient encore, *quod jus etiam nostris temporibus in usu est*[4]. Mais ces solennités ne servaient qu'à donner la puissance maritale, plusieurs textes du Digeste le démontrent[5].

---

[1] Tab. 6, § 4.
[2] Comment , 1, § 112.
[3] Pandect., t. 1, p. 117.
[4] Comment., I, § 112.
[5] *ff. De sponsal.,* l. 11 ; *De ritu nupt.,* l. 5.

Scœvola, donnant la description d'un mariage romain, ne dit mot ni de confarréation ni de la coemption[1]; ce silence se trouve non-seulement chez les jurisconsultes, mais encore chez les historiens, qui cependant retracent tout au long les nombreuses cérémonies de l'union des époux[2]. Si l'on objectait que ces citations se rapportent à l'empire, c'est-à-dire à une époque où ces cérémonies étaient tombées en désuétude, on pourrait répondre par la lecture de la loi 6 des Douze-Tables, § 4, qui a été édictée au moment où cette sorte de mariage était la plus répandue. Mariage et puissance maritale sont deux termes bien distincts, représentatifs chacun d'idées différentes : Gaïus le prouve en parlant de ces cérémonies, non pas au titre du mariage, mais seulement au titre : *De his qui in manu sunt*, et en écrivant cette ligne qui doit être le dernier mot de la question : « *Olim itaque tribus modis in manum conveniebant, usu, farreo, coemptione*[3]. »

Il est toutefois plusieurs faits qui semblent ressortir de l'histoire et des mœurs romaines : c'est que, dans l'origine, les mariages durent se contracter presque toujours avec *manus*, et que la loi des Douze-Tables semble avoir été la première à faciliter les mariages libres; qu'enfin, autant les unions avec *manus* devinrent rares sous l'empire, autant elles devraient être fréquentes dans les premiers temps de Rome.

[1] *ff. De donat. inter vir. et ux.*, l. 66 princ. et § 1.
[2] Juvenal, *Sat.* 10, vers 300; Tacite, *Ann.*, l. 11, §§ 26 et 27.
[3] Comment., 1, § 110.

SECTION IV.

EFFETS DES JUSTES NOCES.

§ 1. *Effets du mariage avec manus.*

L'institution de la *manus* mérite bien de figurer au premier rang de cette organisation de fer de la famille romaine. Elle est la digne fille de cette théorie première de la puissance paternelle dont l'institution, suivant Gaïus, était la seule au monde qui reposât sur d'aussi solides et indestructibles bases[1]. Le père de famille, ce roi domestique, qui exerçait un pouvoir absolu sur tout ce qui l'entourait, devait nécessairement, dans l'étreinte de sa puissance, atteindre la femme comme il avait atteint les enfants : aussi, le pouvoir du mari sur la femme ressemble-t-il beaucoup à celui du père sur le fils. Tout ce qui appartient à la femme, biens présents, biens à venir, passe en la propriété du mari qui peut en user et en abuser selon son bon plaisir; c'est un seigneur et maître dans toute la force du terme, qui n'a de compte à rendre à personne. La femme a vis-à-vis de son mari le rang de fille : pour ses enfants elle est une sœur; cet attribut de fille prouve le caractère passif de la femme; on voit qu'elle invoque la protection du mari, sa puissance même, et qu'elle ne marche jamais son égale. Les droits sur la personne sont aussi très-étendus : le mari, il est vrai, ne peut vendre sa femme comme son fils, mais, dans les premiers temps de Rome du moins, il pouvait la mettre à mort, soit de sa propre autorité, soit plutôt, après avoir pris la décision d'un tribunal domestique, dont l'institution ne saurait être révoquée en

[1] Comment., I, § 55.

doute[1]. M. Troplong rapporte « qu'un certain Mécennius, qui vivait sous Romulus, fit expirer sa femme sous le bâton pour avoir bu du vin; et ce fait, dit Valère-Maxime, ne trouva personne qui le blâmât. On pensa unanimement que c'était un excellent exemple[2]. »

On voit que la femme était dans la famille à peu près comme une chose, et que les formes barbares de l'achat ne contrastaient pas avec la sujétion à laquelle elle était soumise. Elle quittait sa famille naturelle, y perdait ses droits de succession et sa qualité d'agnate, et entrait dans celle de son mari. Ainsi, elle n'était pas dans la famille de son mari parce qu'elle était épouse, mais parce qu'elle était épouse en puissance: c'est là une conséquence logique de cette organisation de la famille romaine qui sacrifiait la nature à la nécessité politique, qui avait son fondement, non dans les liens du sang, mais dans les liens civils, liens d'emprunt qui unissaient les membres autour de la puissance du chef.

Le pouvoir marital se dissolvait par la rémancipation, par le divorce et par la mort de l'un ou l'autre époux. Le manuscrit de Gaïus a été tellement altéré à l'endroit où il parle de la rémancipation qu'on ne peut avoir aucune notion sur ce point. Quant à la mort: si la femme meurt, ses biens restent au mari; si c'est le mari, la femme reçoit un tuteur soit de la famille de son mari, soit du testament de celui-ci[3]; elle succède *filiæ loco* à son mari.

Ce système simple et rationnel ne se comprenait

---

[1] Montesquieu, *Esp. des l.*, l. 7, ch. 10; Tacite, *Ann.*, liv. 13, n° 32; Tite-Live, l. 39, n° 18, *De bacchan.*

[2] Pline, *Hist. nat.*, XIV, 13, s'exprime ainsi: *Invenimus inter exempla, Mecennii uxorem, quod vinum bibisset è dolio, interfectum fuisse a marito, eam que cædis a Romulo absolutum.*

[3] Gaïus, I, § 149.

qu'appuyé sur l'inviolabilité de la foi conjugale; mais, lorsque la licence des mœurs eut développé le divorce, qui devait plus tard prendre une si déplorable place dans les institutions, il fallut remédier à cet état de choses. Puissance maritale et divorce sont deux idées qui semblent incompatibles, et cependant, lors des premiers divorces, la puissance maritale était encore fréquente. Pour empêcher le mari d'absorber les biens de la femme qui devenaient sa propriété, on institua les *cautiones* et les actions *rei uxoriæ*. Les parents du mari stipulèrent que le mari en cas de divorce rendrait à la femme ce qu'elle avait apporté (*cautiones*), et, si les parents avaient oublié, le préteur donnait l'action *rei uxoriæ*, par laquelle on pouvait agir comme si la stipulation avait été faite.

Tels étaient à peu près tous les caractères de cette institution, une des plus caractéristiques de la législation primitive de Rome. Le mari, sous ce régime, avait, on le voit, une omnipotence complète, il commandait en maître, il avait pour lui la loi qui tranchait tout en sa faveur. Il ne faudrait pas en conclure que les femmes étaient dans un état de servitude digne de pitié; elles étaient appelées des esclaves, mais en réalité que de fois elles étaient dominatrices; la puissance masculine reposait bien sur des droits sévères et formels, mais la puissance féminine, pour n'avoir pas de droits écrits dans les lois, n'en était pas moins souvent prépondérante. Leur servitude n'était pas si lourde à supporter; elles savaient rétablir l'équilibre, et les plus maîtres en apparence étaient souvent les plus sûrement livrés à la volonté des plus faibles [1].

[1] *ff.* l. ult., § 1, *De auro argento*: l. 19, § 1, *De annuis legatis*.

§ 2. *Effets du mariage sans manus.*

Ici, la femme reste dans sa famille naturelle, le mariage n'étant à lui seul qu'un lien trop faible pour la faire entrer dans la famille de son mari. Elle n'est pas *mater familias*, c'est-à-dire une alliée pour ses propres enfants, elle est *matrona*, c'est-à-dire une femme étrangère à ces mêmes enfants, ne relevant que de son père et de ses agnats. Quant aux biens, mêmes idées : si elle en avait au moment de son mariage, ou s'il lui en advenait postérieurement, elle les gardait en propre sans communauté avec son mari. Toutefois, comme il fallait que la femme contribuât pour sa part aux charges du ménage, elle le faisait par la dot [1]. On comprend quel ascendant devaient exercer des femmes d'une grande fortune lorsqu'elles avaient contracté un mariage libre ; aussi la loi Voconia vint-elle défendre d'instituer une femme héritière par son premier chef, et empêcher qu'on ne lui donnât une trop grande partie de la succession à titre de legs par son second chef [2]. « Il n'est pas possible, dit saint Augustin, de citer, ou même de concevoir une loi plus injuste [3]. » Les préteurs la modifièrent par la possession de biens accordée aux femmes ; puis on chercha à l'éluder, et, du temps de Cicéron, elle était tellement tombée en désuétude que l'édit de Verrès, pour la remettre en vigueur, fut un des chefs d'accusation sous lequel il succomba [4]. Renouvelée par Auguste, la loi Voconia ne fut plus appliquée sous ses successeurs.

[1] *ff. De jure dot.*, l. 1, 23, 3.
[2] *Ann. de R.*, 584.
[3] *De civitate Dei*, lib. 3, cap. 21.
[4] *In Verrem*, 2, lib. 1, cap. 41.

Nous ne parlerons pas de la constitution ni de la restitution de dot, ne voulant considérer le mariage qu'au point de vue des personnes, et non au point de vue des biens. Nous dirons seulement que la dot empêchait la *manus*, c'est ce qui nous fait comprendre ce vers de Plaute : *«Argentum recepi, dote imperium vendidi»* ; la femme gardait le reste de ses biens et pouvait les administrer à sa guise. On peut voir par ce rapide aperçu combien les deux modes d'organisation du mariage étaient différents en ce qui concerne les époux : dans l'un, pouvoir absolu du mari sur sa femme ; dans l'autre, égalité complète, entière indépendance d'action. C'est dire : « exagération des deux côtés ; d'une part, personnalité de la femme trop absorbée ; de l'autre, elle est trop peu atteinte par cette même puissance maritale : sans *manus* la femme n'en était pas plus heureuse, le père pouvait la retirer à son mari et malgré elle la contraindre au divorce [1]. Nous étions dans les excès de la puissance maritale, nous voilà dans ceux de la puissance paternelle [2]. »

§ 3. *Effets généraux du mariage, quant aux obligations des époux et quant aux enfants.*

L'homme et la femme ont dans le mariage certaines obligations à remplir. Ce ne sont pas les lois, c'est la nature même qui a fait le lot de chacun des deux sexes. La femme a besoin de protection parce qu'elle est plus faible ; l'homme est plus libre parce qu'il est plus fort. Cette prééminence du mari sur la femme est la source

[1] Paul, 5, 6, 15.
[2] M. Troplong, *Contr. de mar.*

du pouvoir de protection que la loi lui reconnait [1]. La femme de son côté est obligée à l'obéissance et à la fidélité [2]. Ils se doivent mutuellement assistance, parce qu'unissant leur destinée qui peut se trouver composée de revers et de succès, ils doivent supporter les uns, comme ils ont le droit de supporter les autres ensemble. «*Quid enim tam humanum*, dit Ulpien, *quam ut fortuitis casibus mulieris maritum vel uxorem viri participem esse* [3].» Des devoirs respectifs de protection et d'obéissance auxquels les époux sont tenus, il suit: que la femme ne peut, en principe, avoir d'autre domicile que celui de son mari, et que la cohabitation est de l'essence du mariage [4].

La preuve du mariage se fait par *l'instrumentum,* à son défaut, par la cohabitation continue pendant un certain temps; l'honneur que le mari avait rendu à celle qu'il disait être sa femme, l'opinion des voisins, peuvent être des preuves suffisantes pour établir l'existence et la certitude des mariages [5].

Le mariage étant contracté, s'il naît des enfants, leur légitimité est couverte par la présomption: *pater is est quem nuptiæ demonstrant.* Cette présomption ne peut être combattue que: 1° lorsque l'enfant n'est pas né pendant le *tempus legitimum;* 2° lorsque le mari peut prouver qu'il n'a pas pu cohabiter avec la mère [6]. La puissance paternelle résulte toujours des justes noces. Une obligation fondée sur la nature entre les père et

---

[1] Cod., *De incolis et ubi*, l. 9 ; 10, 39.

[2] *ff. Sol. mat.*, l. 14, § 1; 24, 3.

[3] *ff. h. t.*, l. 22, § 7.

[4] *ff. De judiciis et urbi*, l. 65; 5, 1.

[5] Cod., *De nupt.*, II. 9 et 12.

[6] *ff. De suis et leg. hæ.*, l. 3, § 1; 38, 16.

mère et leurs enfants est celle dictée aux parents de nourrir, d'entretenir et d'élever ceux auxquels ils ont donné le jour, ainsi que celle imposée aux enfants de fournir des aliments à leur père et mère et autres ascendants dans le besoin[1]. « *Necare videtur*, dit Paul, *non tantùm is qui partum perfocat, sed et is qui abjicit, et qui alimenta denegat, et (is) qui publicis locis misericordiæ causa exponit, quam ipse non habet*[2]. »

SECTION V.

DE LA DISSOLUTION DU MARIAGE.

Les noces pouvaient se dissoudre : par la mort de l'un des époux, par la perte de la liberté, par la captivité, par le divorce. Ce dernier mode de dissolution demande seul quelques développements. D'après les historiens[3], c'est à l'origine même de Rome que remonte cette institution; toutefois, par un effet de son respect pour la religion et les mœurs publiques, le peuple romain vit cinq siècles s'écouler avant qu'un citoyen osât user de son droit de répudiation. Carvilius Ruga le premier, l'an 533 de Rome, jouant sur la formule du serment, répudia son épouse qui était stérile. Cet acte fut le signal de l'avilissement des lois religieuses sur le mariage, et, « à partir de cette époque, le divorce déborda sur la société romaine et se montra comme l'un de ses fléaux[4]. »

Dans les dernières années de la république surtout,

---

[1] *ff. De agn. et al. lib.*, l. 5, § 3; 25, 3.

[2] *ff. h. t.*, l. 4.

[3] Plutarque, *Romulus*, p. 39; Cicéron, *De oratione*, 1, 40; Montesquieu, *Esp. des l.*, 16, 16.

[4] *Infl. du christ.*, p. 205.

on eut à déplorer une licence de mœurs et une corruption effrayantes. C'est alors qu'on vit Cicéron répudier Terentia, pour épouser Publilia et sa riche dot, et la répudier ensuite[1]. C'est alors que, sur un désir de Sylla, Pompée, marié à Antistia, épousait la fille du dictateur mariée à Glabrion et déjà fort avancée dans sa grossesse[2]. Cette double répudiation causa bien peu de scandale, puisqu'on continua à appeler Pompée, *le plus chaste des Romains*. Juvénal décrit avec amertume les excès du divorce : «A peine le teint de Bibula commence-t-il à perdre de sa fraîcheur et ses yeux de leur éclat, un affranchi se présente : partez, lui dit-il, vous vous mouchez si souvent! hâtez-vous, une autre arrive dont le nez est moins humide[3].» «Enfin, dit M. Troplong (et ceci est le comble de l'opprobre), comme le mari gagnait la dot lorsque le divorce avait lieu pour l'inconduite de la femme, il arrivait que les gens qui voulaient faire fortune, prenaient pour épouses des femmes impudiques, pourvu qu'elles eussent du bien, afin de les répudier ensuite sous prétexte de leurs dérèglements[4].» Le prince lui-même affectait le mépris des mœurs publiques. Auguste, en effet, répudia Scribonia, le jour où elle accouchait de la fameuse Julie, pour épouser Livie, déjà avancée dans sa grossesse et mariée avec Tibère[5]. Le mariage était tombé si bas qu'on en était venu à discuter gravement si un second mariage n'équivalait point à la répudiation d'une première femme, moyen commode d'échapper au reproche

[1] Plutarque, *Vie de Cicéron*.
[2] Plutarque, *Vie de Pompée*.
[3] Juvenal, *Sat.* 6, v. 142.
[4] *Infl. du christ.*, p. 207.
[5] Tacite, *Ann.*, lib. 5, cap. 1.

de polygamie. Après ces quelques traits empruntés à différents auteurs, qui servent à montrer combien était affligeant le tableau des excès du divorce, passons à l'étude de la législation.

Le divorce pouvait avoir lieu, soit par consentement mutuel, soit par la volonté d'un seul des époux.

Divorce par consentement mutuel[1]. Il avait lieu en présence de sept témoins[2] et après que l'un des époux avait envoyé à l'autre l'acte de répudiation. C'est ce qu'on appelait *repudium mittere*. Cet acte contenait ces paroles passées en formules : *tuas res tibi habeto; tuas res tibi agito.*

Divorce par la volonté d'un seul des époux. Dans l'origine, ce divorce, fait par l'un des époux, était permis sans que le mari ou la femme qui voulait répudier son conjoint eût besoin de donner des raisons particulières[3]. Ce ne fut que sous Théodose et Valentinien que certaines causes de répudiation furent déterminées : l'époux qui rompait l'union sans motif légitime, encourait certaines pénalités, de même que l'époux qui, par sa mauvaise conduite, donnait à l'autre un juste sujet de répudiation[4]. Justinien dans ses Novelles confirma et étendit ces principes.

Les causes de divorce sont ou réciproques ou particulières au mari. Les causes de divorce réciproques étaient : le consentement mutuel des époux, ou le consentement du père et de la mère d'un côté, et celui des enfants de l'autre; l'adultère du mari ou de la femme;

---

[1] Les conventions des parties servaient de règles (*pactis causam sicut utrique placuit gubernantibus*), Nov. 22. cap. 4.

[2] *ff. De divortiis et rep.*, l. 9, 24, 2.

[3] Cod., *De rep. et jud.*, l. 9, 5, 17.

[4] Cod., *De rep. et jud.*, l. 9, auth.

l'attentat de l'un des époux à la vie de l'autre; l'impuissance naturelle (le délai était de trois ans); tout crime de larcin en général; le crime de faux, le sacrilége, la violation de sépulture, le crime de poison, le crime de lèse-majesté, le crime de conspiration contre l'État. Justinien ajouta comme nouvelles causes: la profession religieuse, le vœu de chasteté, la longue absence, l'erreur sur la condition de l'un des époux, la captivité du mari chez les ennemis après cinq ans. Les causes particulières au mari étaient: l'avortement de la femme, sa présence au spectacle ou aux bains publics en présence d'hommes étrangers, son absence pendant la nuit du domicile conjugal[1].

Telles étaient les principales causes de divorce. Les époux pouvaient se remarier après la répudiation, la femme seulement devait attendre un an et aussi longtemps qu'elle ne se mariait pas elle conservait le nom, le rang et l'état de son mari[2].

CHAPITRE DEUXIÈME.

DU CONCUBINAT.

Le droit romain se développe sous l'influence de deux éléments bien distincts, sources continuelles dans l'origine de luttes et de rapprochements, qui, en fin de compte, finissent par se fusionner et constituer le droit de Justinien. Le mariage offre, lui aussi, un exemple de cette dualité: à côté des *justæ nuptiæ* se trouve le *concubinatus*, dont nous allons nous occuper.

[1] Merlin, *Quest. divorce*, sect. 2; Nov. 22, tit. 1, cap. 4, 15, 16, 19; Nov. 117, tit. 18, cap. 5, 8, 9, 14; Nov. 122, tit. 6, cap. 40; Nov. 134, tit. 17, cap. 11; Nov. 22, cap. 5, 6 et 7.

[2] Cod., *De sec. nupt.*, l. 1, 5, 9.; Nov. 22, cap. 26.

«Le concubinat, dit M. Ortolan, était le commerce licite d'un homme et d'une femme, sans qu'il y eût mariage entre eux (*licita consuetudo non causa matrimonii*) [1]». Sous la république, le concubinat n'existait pas : les enfants, fruits d'une union passagère non consacrée par le mariage, étaient des *spurii* ou *vulgo quæsiti;* ils étaient considérés comme n'ayant pas de père, tandis que les enfants issus du concubinat (*liberi naturales*) avaient un père certain, tout en n'étant pas soumis à la puissance paternelle [2].

Quoique nous ayons l'intention de traiter en particulier des lois Pappiennes, nous allons néanmoins nous occuper actuellement des chefs de ces lois qui font la matière de ce chapitre. Le but d'Auguste était d'empêcher la dépopulation toujours croissante: l'union libre des sexes pouvait être utile à la propagation de l'espèce, mais les institutions anciennes, en la couvrant d'opprobre, l'avait rendue inutile en la frappant de stérilité. Le quatrième chef des lois Pappiennes eut pour objet d'en faire une union licite: dès lors le mot de *concubine* fut pris dans une acception plus favorable. On avait ordinairement pour concubines des femmes qu'on ne pouvait épouser en justes noces, des femmes surprises en adultère, des comédiennes, etc.... [3]. Les empêchements du mariage, dérivant du droit naturel, s'appliquaient au concubinat comme aux justes noces : on ne pouvait avoir deux concubines, l'âge de puberté était indispensable [4]. On ne pouvait reconnaître ce mariage par ses formes, puisqu'il en était exempt; mais les

[1] *Just. expl.*, t. I, p. 209; *Infl. du christ.*; M. Troplong, ch. 8, p. 235.
[2] Cod., 5, 27; Nov. 18, chap. 5.
[3] *ff. De concub.*, l. 1, § 2; l. 5; 25, 7.
[4] *ff. h. t.*, l. 1, § 4.

jurisconsultes décident que, pour savoir si la liaison d'un homme avec une femme est une union de droit civil ou un concubinat, il faut admettre la preuve par présomption; on présumait le mariage lorsque la femme était libre et de bonnes mœurs [1], ou bien lorsque l'intention des parties se manifestait par tous les actes de la vie [2]; on présumait le concubinat lorsque les faits que nous venons d'énoncer n'existaient pas; mais si la femme était libre et honnête, et que le mari prétendît qu'elle était sa concubine, il fallait qu'il prouvât par témoins qu'elle eût manifesté l'intention de n'avoir que ce titre, sans quoi il était condamné aux peines du stupre [3].

Le concubinat était une union peu honorable pour la femme; elle n'avait pas le titre d'*uxor*; son apparition sur la scène romaine prouve que les citoyens, non contents d'avoir par le divorce une extrême facilité de rompre les mariages, voulaient qu'on flattât encore davantage l'inconstance de leurs désirs par l'établissement d'une institution qui n'avait pas les souvenirs de respect du mariage, et qui pouvait se briser plus vite encore. Cette union, tout en ne donnant pas aux époux tous les avantages des justes noces, laissait une plus grande latitude pour la quotité des donations de toute nature, c'est ce qui a fait dire à Quintillien, citant un passage du plaidoyer de Trachalus: «O nos saintes lois, protectrices de la pudeur et de l'innocence, est-ce donc vous qui donnez des dixièmes aux épouses et des quartes aux concubines [4]. !»

---

[1] *ff. De ritu nupt.*, l. 24.
[2] *ff. De don.*, l. 31; 39, 5.
[3] *ff. De concub.*, l. 3.
[4] *De oratore*, lib. 8, cap. 5.

L'enfant issu du concubinat jouissait des droits de liberté et de cité si sa mère était libre ; il n'était nullement exclu des honneurs ; il naissait *sui juris*, devait obéissance et respect aux auteurs de ses jours [1], mais par contre avait le droit de leur réclamer des aliments [2]. « Nés hors du mariage, dit M. Troplong, ils ne pouvaient prétendre aux avantages du droit civil ; ils ne succédaient pas à leur père ; ils ne portaient pas son nom ; ils n'étaient pas dans sa famille. Mais à l'égard de la mère, les enfants naturels avaient des droits de succession aussi étendus que les enfants légitimes ;....... l'égalité régnait entre l'enfant issu du concubinat et celui qui était né à l'ombre de justes noces [3]. » Si l'enfant naturel voulait se marier, il devait remplir à peu près les mêmes conditions que l'enfant légitime : on lui appliquait les empêchements dérivant de la parenté, du mariage, d'une union encore existante [4].

Tels étaient les principaux caractères de cette institution qui devait être réformée plus tard par une législation plus morale, plus sensée et plus logique que celle qui avait cru, par nécessité politique, pouvoir repeupler l'empire en avilissant le mariage et en facilitant l'union des deux sexes.

Nous ne parlerons pas du *contubernium*, de cette union de fait existant entre les esclaves ; c'est la passion de l'amour brutal et sauvage ; il n'y a pas de persévérance, pas d'effets civils, si ce n'est la *cognatio servilis*[5].

---

[1] *ff. De obseq.*, ll. 1, 2, 5, 9 ; 37, 15.
[2] *ff. De agn. et al.*, ll. 4, 3, §§ 1, 8 ; Pothier, *Pandect.*, *De agn.*, 25, 3, sect. 2, § 1, n° 8.
[3] *Infl. du christ.*, chap. 8, p. 241.
[4] *ff. De ritu nupt.*, ll. 53 et 54.
[5] *ff. h. t.*, l. 14, § 2.

Titre deuxième.

Changements survenus dans l'institution du mariage depuis l'ère impériale.

CHAPITRE PREMIER.

DES LOIS PAPPIENNES.

« Rome, a dit Montesquieu, était un vaisseau tenu par deux ancres dans la tempête, la religion et les mœurs. » Les lois que nous allons étudier ne nous prouveront que trop que ces deux ancres ne tenaient plus bien solidement, et que, la tempête arrivant, le vaisseau courrait grand risque de sombrer.

Les lois Pappiennes sont tout un Code : leur principal but était d'encourager le mariage et de multiplier le nombre des enfants, mais ces moyens artificiels dénotaient une trop profonde démoralisation pour pouvoir produire beaucoup d'effets : *plus ibi bones valent, quam alibi bonæ leges*, a dit Tacite avec beaucoup de vérité[1]. C'est cette pensée que Portalis devait plus tard exprimer avec plus de vigueur encore : « Quelques auteurs ont demandé qu'on encourageât les mariages, ils n'ont besoin que d'être réglés.... Il y aura toujours assez de mariages pour la prospérité des États; l'essentiel est qu'il y ait assez de mœurs pour la prospérité des mariages[2]. » Nous ne donnerons qu'un aperçu très-rapide des principales dispositions de ces lois qui ont été le sujet d'un commentaire très-remarquable d'Henneccius.

---

[1] *De mor. Germ.*, chap. XIX.

[2] *Exposé des motifs sur le titre du mariage.*

Les lois Juliennes, qui précédèrent les lois Pappiennes, ne furent jamais en vigueur; après avoir obtenu avec peine l'autorisation de ce sénat romain, d'une servilité cependant bien connue [1], Auguste fut obligé de s'incliner devant le refus positif du peuple et de retirer la loi pour ne la faire reparaître que vingt ans après, en donnant encore un délai de trois ans pour obéir. Puis un nouveau délai de deux ans fut accordé par la loi *Julia Caducaria*, et enfin, sur les sollicitations de tous, on fondit ces lois dans celle qui fut promulguée sous le titre de *Pappia Poppea*, du nom des consuls en exercice [2].

Le premier obstacle au mariage naissait de ce que les noces entre des citoyens d'inégale condition étaient regardées comme contraires à l'honnêteté publique: malgré la loi *Canuleia*, elles n'avaient pu entrer dans les mœurs: « mais Auguste, dit Montesquieu, voulut qu'on ne fût pas inutilement borné dans le choix qu'on voulait faire [3]. » Les mésalliances furent restreintes aux mariages des sénateurs avec les affranchies, les comédiennes, etc.; le mariage fut permis entre ingénus et affranchies, mais non entre ingénues et affranchis [4]. Bien entendu, la prohibition d'épouser les prostituées, les femmes adultères, etc., subsista. Tout mâle pubère, toute femme nubile furent tenus de se marier pour procréer des enfants; les eunuques et les sexagénaires furent seuls exempts des peines prononcées par la loi: l'ex-

---

[1] *Ann. de Rome.* 737.

[2] Idem, 762; Heinnec., *Ad leg. pap.*, lib. 1; 3, § 3.

[3] *Esprit des l.*, 36, chap. 16.

[4] *Quoniam masculi ingenui numerum ingenuarum feminarum multum anteibant*, Dio, lib. 54.

ception relative aux sexagénaires ne fut même que transitoire. Le concubinat fut organisé et favorisé, nous avons vu sur quelles bases. On ne dut pas laisser écouler plus de deux ans d'intervalle entre les noces et les fiançailles[1]. Lorsque des mariages avaient été contractés au mépris de ces prohibitions, « on ne prononçait pas, dit Gravina, la nullité du mariage, mais on confisquait sur les époux les hérédités déférées par la loi, ce qui s'étendait aux successions testamentaires, aux legs et aux donations à cause de mort : la dot même de l'épouse tombait en caducité[2]. »

Une double sanction émanait des lois Pappiennes : récompense pour les mariages féconds, peines contre les mariages stériles et contre les célibataires. Dans la poursuite des honneurs, on promettait toujours toutes les préférences au candidat qui avait le plus d'enfants : aussi ces priviléges donnèrent-ils lieu à des fraudes qu'on fut obligé de réprimer[3]. On était exempté des charges personnelles lorsqu'on avait trois enfants vivants à Rome, quatre en Italie, cinq dans les provinces[4]. Les affranchis qui avaient des enfants étaient libérés des services qu'ils devaient à leurs patrons. On donna aux femmes des priviléges d'une autre nature : leur fécondité les délivrait de la tutelle perpétuelle à laquelle elles étaient soumises. Lorsque l'affranchie avait quatre enfants, elle était relevée de l'incapacité de disposer par testament au préjudice de son patron[5]. Il

---

[1] Pothier, *De legatis*, § 382.
[2] Gravina, *De leg.*, cap. 42.
[3] Cap. 45 ; Ulp., Fr., t. 16.
[4] Tacite, *Ann.*, XV, 19.
[5] Heinn., II, 8.

est un cas exceptionnel où le mariage, quoique stérile, ne peut être dissous par l'épouse, c'est lorsqu'une affranchie s'est mariée avec son patron[1].

Les dispositions relatives à la capacité de recueillir les libéralités par le testament de l'époux étaient connues sous le nom de *lois décimaires*. En cas de stérilité des époux, les donations étaient réduites au dixième. « Les époux stériles étaient, en effet, très-coupables aux yeux de la loi, dit Gravina. Après les deux ans qui leur avaient été accordés pour l'essai de leur fécondité, ils ne s'étaient pas empressés de divorcer pour contracter un nouveau mariage[2]. » Les peines pouvaient être modifiées suivant l'esprit de la loi : lorsque les époux avaient eu des enfants, mais qu'ils étaient morts, ils pouvaient recueillir un dixième pour chacun de ces enfants, sans tenir compte de ceux décédés avant le jour des noms[3]. Le droit des enfants assurant une pleine capacité était réglé par le vingt-quatrième chef des lois Pappiennes[4] : un décret du sénat pouvait l'accorder aux époux stériles[5].

Autrefois, les conditions du célibat, imposées par le testament, étaient ponctuellement exécutées : elles furent déclarées non écrites[6]. Par le fait des divorces si fréquemment renouvelés, les liens d'affinité étaient nombreux, aussi ne faut-il pas s'étonner de voir le législateur faire disparaître cet obstacle, en le restreignant autant que faire se pouvait[7].

---

[1] *ff. Unde vir et ux.*, l. unic., § 1 ; 38, 11.

[2] *De leg.*, § 51.

[3] *Lex. Pap.*, cap. 17. Heinn, *Ad. leg. Pap.*, II, 14, § 5.

[4] Id., cap. 24, 25.

[5] Id., cap. 26.

[6] Heinn., II, 16, § 2.

[7] Id., 17.

Le sénat était le dispensateur des priviléges et des peines des lois Pappiennes, c'est ce qui fit dire à Montesquieu : « Les empereurs énervèrent la loi par les priviléges qu'ils donnèrent des droits de mari, d'enfants et de trois enfants. Ils firent plus : ils dispensèrent les particuliers des peines de ces lois[1]. » Cet abus résulte inévitablement du système arbitraire de cette loi dont les dispositions, dans certains cas, n'étaient pas seulement injustes, mais odieuses.

Dans les premiers temps de Rome, le mari, dans certains cas graves, rassemblait le tribunal domestique pour statuer sur les faits de son épouse. « Romulus ne fit pas de loi, dit Denys d'Halicarnasse, qui accordât aux époux une action pour les mauvaises mœurs ou pour le divorce. Mais, après les avoir unis par des liens qu'ils ne pouvaient rompre, il rendit le mari seul juge des délits de sa femme. Quand elle était soupçonnée d'adultère ou d'ivrognerie, le mari devait assembler les plus proches parents de sa femme, et, après l'avoir convaincue en leur présence, il décidait seul de la peine qu'elle avait méritée[2]. » Lorsque les maris s'accoutumèrent à prononcer arbitrairement la répudiation, ils abusèrent aussi de ce droit d'infliger des peines et prononcèrent, à leur profit, la confiscation de la dot. Toutefois, ces justices privées étaient soumises à la révision des premières magistratures de la république[3]. Cette institution, appelée *jugement de mœurs*, se réduisait le plus souvent à prononcer des retenues sur la dot.

Les lois Pappiennes établirent à la place une action en délit contre les mœurs. Cette action ne put plus être

---

[1] *Espr. des l.*, l. 23, ch. 21. — [2] *Antiq. Rom.*, lib. II, cap. 25.
[3] Plutarque, *Vie de Marius; Antiq. Rom*, l. I. § 45.

intentée que devant les magistrats impériaux par les
époux divorcés; les condamnations qui en résultaient
augmentèrent encore le nombre des divorces, car elles
étaient prononcées au profit de l'époux outragé et étaient
proportionnées à la gravité des faits reprochés. Quant
aux délits du mari, ils étaient punis par la diminution
des délais pour rendre la dot et quelquefois par une restitution des fruits ou par l'absence complète de délai.

Le simple accord suffisait pour parfaire le divorce;
comme c'était un moyen d'éluder les peines du célibat
en tenant le divorce secret, Auguste décida qu'on ne di-
vorcerait valablement qu'en présence de sept témoins[1].

Il nous reste à parler de la sanction des lois Pappiennes, nous y verrons que le désir d'Auguste était autant de grossir les caisses de l'État que d'augmenter la
population. En effet, un célibataire était-il institué héritier ou légataire d'un étranger? Il était incapable de
recevoir, et l'État confisquait à son profit la succession
ou le legs. Était célibataire, non-seulement celui qui
n'avait jamais contracté mariage, mais encore celui
qui, après sa dissolution, ne se hâtait pas d'en contracter
un nouveau[2]. Les peines étaient surtout dirigées contre
les époux stériles, qui toutefois n'étaient exclus que de
la moitié des biens laissés par le testament d'un étranger. On ne peut guère s'expliquer les peines contre la
stérilité, qui, en définitive, est une exception dans le
mariage, que par les mœurs du temps qui favorisaient
l'infanticide. Nous ne pouvons mieux montrer à quels

---

[1] Suet., *Aug.*, chap. 34; ff. l. unic., *in fine, unde vir*.

[2] Heinn., II, 5, § 3. Tacite dit avec une amère ironie, que les caducs
allaient au fisc, ou au peuple romain, comme père commun de tous
les citoyens. *Ann*. III, 28.

tristes résultats conduisaient de telles lois qu'en citant ce passage de Juvénal : « Tu me crois assez payé par tes faibles dons, disait le mercenaire Nœvolus ; n'est-ce donc rien, ingrat Virron, que de t'avoir fait présent d'un fils et d'une fille ? Je t'ai obtenu le droit des pères ; tu peux désormais hériter et recueillir tous les legs sans réduction. Mon zèle te préparait d'autres priviléges, j'allais remplir le nombre et mettre enfin trois enfants dans ta maison [1]. »

Les derniers chefs des lois Pappiennes étaient relatifs à la succession des affranchis ; dans l'ancien droit, l'affranchi, n'ayant pas d'héritiers légitimes, ne pouvait disposer de sa succession au préjudice de son patron ; il put, sous Auguste, faire telles dispositions qu'il voudrait, à condition qu'il ne fût pas décédé sans enfants. Si la succession était supérieure à cent mille sesterces, il fallait, pour que les dispositions testamentaires eussent plein effet, que l'affranchi eut trois enfants, sans quoi le patron prélevait une part virile [2]. Les lois Pappiennes devaient avoir pour effet de propager les adoptions simulées, c'est en effet ce qui arriva [3] ; le sénatus-consulte Memmien, postérieur de quelques années à ces lois, déclara que les adoptions simulées ou autres ne pourraient servir ni pour les honneurs, ni pour les successions. De même, les mariages simulés ne produisirent pas le droit des époux [4] ; on avait vu en effet, sous le règne de Tibère, ce prince, obligé de recourir à une destitution arbitraire, pour punir un ques-

---

[1] Juvenal, *Sat.* 9, v. 82.
[2] Heinn., II, 22, § 4.
[3] Tacite, *Ann.* XV, 19.
[4] *ff. De ritu nupt*, 1. 30.

teur qui s'était marié la veille de la distribution des provinces et qui avait répudié sa femme le lendemain [1]. Antonin voulut réprimer, mais inutilement, par ses constitutions un autre abus plus grave : celui des naissances simulées [2].

Les lois caducaires se rattachent aux lois Pappiennes, dont elles organisent le système fiscal. Heinneccius, dans la préface de son commentaire, s'exprime ainsi sur les effets de ces lois. « Elles firent passer dans le trésor la plus grande partie des fortunes privées, à l'aide de cette multitude de dots dont elles avaient autorisé la confiscation, et de cette diversité de biens qu'elles avaient attribués au fisc sous le titre de *biens caducs*, *quasi-caducs*, enlevés aux indignes ou déclarés vacants. Elles procurèrent à Auguste d'immenses richesses, sans lesquelles il n'eût jamais pu suffire à ses largesses envers le peuple, qui surpassent toute vraisemblance, à ces bâtiments qui changèrent une ville de brique en une ville de marbre, à l'entretien de ses légions, premier fondement de sa puissance [3]. » Il n'entre pas dans notre sujet d'exposer les détails de ces lois qui ne sont que l'organisation d'un système de confiscation sur une vaste échelle : aussi Auguste, déclarant à ses amis, au moment de sa mort, qu'il avait bien joué son rôle, dévoilait par ses paroles le secret de ses lois civiles et de sa conduite politique.

Sous Tibère, les lois Pappiennes reçurent d'importantes modifications, et chacun, les jurisconsultes les premiers, chercha à les éluder [4]. Ce fut ainsi que

[1] Suétone, *In Tib.*, cap. 36.
[2] Heinn., II, 8, § 6.
[3] Heinn., *Praef*.
[4] Gravina, *De leg.*, cap. 61.

ces lois qui étaient promulguées dans le but d'accroître la population, devinrent désastreuses pour la propagation de l'espèce. Cette triste conséquence devait être prévue, car « ces lois, en ne s'adressant qu'aux seuls instincts matériels, ne pouvaient avoir sur les mœurs aucune action directe : or, ce n'est qu'en agissant sur les mœurs qu'il est possible de faire disparaître ces plaies honteuses qui éloignent l'homme du mariage et tarissent la source vitale des États[1]. »

CHAPITRE II.

DES LOIS DE CONSTANTIN ET DE JUSTINIEN.

Pendant trois cents ans Rome supporta la législation arbitraire de ces lois Pappiennes, sources continuelles de calamités publiques, vaste monument de vexation élevé contre la prospérité de l'État pour les débordements du trône. A Constantin était réservée la gloire de substituer une législation juste et sage à ces lois arbitraires, fiscales et despotiques[2]. Avant d'examiner ce nouveau système de législation sur le mariage, nous devons dire que l'influence du christianisme le domine en partie : Constantin avait là un puissant appui; les principes de la religion chrétienne commençaient à se faire jour dans la cabane du pauvre comme dans le palais des riches; aux craintes de la misère et aux calculs de l'égoïsme, ils substituaient l'idée d'une vie de récompense, les divers modes de la charité et une entente plus parfaite des jouissances de la famille[3].

[1] *Revue crit. de jurisp*, t. 10.
[2] Les lois décimaires restèrent en vigueur jusqu'à Théodore-le-Jeune; an 410.
[3] *Infl. du christ.*, ch. 10, p. 201.

L'émancipation de la femme commence, à partir de cette époque, suivant les principes de la morale et du droit : la tutelle perpétuelle est abolie, les femmes majeures jouissent de droits égaux à ceux des hommes : *in omnibus contractibus jus tale habeant quale viros*[1]. Le divorce n'est pas supprimé, c'était impossible, on se contente d'en réprimer les abus. « Quel qu'ait été le dévouement de Constantin à la foi chrétienne, dit M. Troplong, jamais il n'osa imposer à ses peuples, si divers d'origine, de religion, d'habitudes, la prohibition absolue du divorce. Il sentit qu'il y avait des âmes faibles, des esprits douteux qu'il ne fallait pas décourager ou éloigner par des principes trop sévères[2]. »

Le mariage reprend son caractère véritable sous les efforts d'une législation bienfaisante. A l'ancien rite de la confarréation, dont l'influence jadis était grande, en succéda un autre qui était le sacrement de la loi évangélique, et qui produisait une impression salutaire, en donnant au mariage une supériorité incontestable sur ces unions passagères qui se prouvaient par présomptions. Toutefois, la bénédiction nuptiale fut loin d'être dans l'origine une forme essentielle du mariage, quoique Justinien semble avoir préparé les voies à cette innovation, en ordonnant aux nouveaux époux de faire la déclaration de leur mariage au défenseur d'une église assisté de trois clercs ; un acte dressé, signé par les époux et les témoins, scellé du sceau du défenseur, restait dans les archives[3] ; toutefois, ces formes ne restèrent pas toujours obligatoires, puisque la Novelle 117, .

---

[1] *Infl. du christ.*, ch. 10, p. 289 et la note.
[2] Id., p. 219, chap. 6.
[3] Nov. 74, ch. 4.

chap. 4, changea ces dispositions et n'exigea plus que l'acte dotal, et seulement pour les personnes illustres. La bénédiction nuptiale ne devint une forme essentielle du mariage que sous l'empereur Léon, ainsi qu'on peut le voir en lisant la Novelle 89 [1].

Il fallait, pour rendre au mariage toute sa dignité, supprimer l'union libre du concubinage, légalisée par les lois Pappiennes. Constantin l'essaya en défendant d'abord à tout homme marié d'avoir une concubine [2] ; il suffisait autrefois que la concubine n'habitât pas la maison nuptiale. Mais, sur la fin de son règne, Constantin battit bien autrement en brèche cette institution en défendant de prendre pour concubine une femme qu'on n'aurait pu avoir pour épouse : c'était abolir le concubinat, car, comme le dit Heinneccius: « il n'était plus permis d'avoir pour concubine que les femmes qui ne pouvaient accepter ce titre sans se dégrader [3]. » Ce qui rendait cette union plus difficile encore, c'est que cette même loi déclarait que toutes les donations faites à une concubine ou à ses enfants, même sous la forme d'un contrat onéreux ou par personnes interposées, seraient nulles de plein droit [4]. Toutefois, Constantin, pour favoriser le repentir et ne pas annuler des unions, il y avait peu, légalement existantes, permit à ceux qui alors vivaient en concubinage de légitimer leurs enfants par mariage subséquent. Les empereurs Léon et Anastase imitèrent ces mesures, mais ce système, péniblement élaboré, fut détruit par l'authentique *sed nova....,*

---

[1] *Ne matrimonia citra sacram benedictionem confirmentur.*

[2] Cod., *De conc.*, l. unic., 5, 26.

[3] *Ad leg. Pap.*, II, 2, 42, et Cod., *De natur. lib.*, l. 1, 5, 27.

[4] Cod., *h. t.*

au même titre du Code qui abolissait les défenses prononcées contre les mariages indignes; Justinien, en
s'écartant ainsi de la ligne sévère des principes tracés
par ses prédécesseurs, altéra la législation en cette matière, et, quoiqu'il voulût abolir le concubinage, il fit
de la disposition transitoire de Constantin, la légitimation par mariage subséquent, un mode ordinaire de
légitimation. Le concubinage fut toléré jusqu'à l'empereur Léon [1].

Nous ne parlerons ni du sénatus-consulte Tertullien,
ni du sénatus-consulte Velléien : ils sont relatifs aux
biens de la femme, à sa capacité de s'engager ou de
succéder, et nous ne voulons, comme nous l'avons dit,
considérer le mariage qu'au point de vue de l'union des
personnes.

La législation que nous venons d'étudier sommairement est une législation d'émancipation pour la femme :
à la place du maître ombrageux des premiers temps de
Rome se substitue un protecteur, presque un égal; c'est
l'amour plutôt que la force qui régit la vierge devenue
femme, pensée purement évangélique qui montre l'influence du christianisme sur les lois romaines. « A la
politique fondée sur l'intérêt, dit M. Troplong, les
princes chrétiens faisaient succéder un gouvernement
qui avouait la liberté et l'affection naturelle pour ses
mobiles, Justinien y ajouta l'égalité. Il déclara valables
tous les mariages que les lois d'Auguste avaient défendus avec les personnes de condition vile ou infâme.
L'époux de Théodora ordonna que le niveau serait
passé sur des inégalités que les préjugés peuvent respecter, mais que la religion ne saurait atteindre [2]. »

____

[1] *Const.* 91 : *ut concubinam habere non liceat.*
[2] *Infl. du christ.*, ch. 3, p. 178.

Titre troisième.

Des secondes noces.

Les institutions primitives des Romains témoignaient de la défaveur jetée sur les époux qui convolaient en secondes noces. « Numa, dit Plutarque, ne permit le mariage des veuves que dans les jours destinés aux fêtes solennelles, pour que le peuple, tout occupé de ses divertissements, ne fut point frappé de ce spectacle. Numa accorda aussi des distinctions particulières aux femmes qui gardaient la viduité [1]. »

Des peines furent édictées contre les noces précipitées, qui supposent le mépris de toutes les bienséances : « Les premiers Romains, dit Sénèque, avaient fixé le temps du deuil à une année [2]. »

Sous Auguste, les secondes noces furent non-seulement encouragées, mais même commandées, en conservant toutefois les règlements qui punissaient d'infamie la femme qui contractait de nouveaux liens dans les dix mois de son deuil [3], réglements fondés non-seulement sur l'honnêteté publique, mais encore sur la nécessité de ne pas troubler la certitude des lignées (*propter turbationem sanguinis et incertitudinem prolis*). Aussi, la veuve, une fois accouchée, pouvait se remarier de suite [4]. Toutefois, les lois Pappiennes ne durent pas se montrer bien rigoureuses sur le délai de l'année de deuil, surtout après l'exemple d'Auguste,

---

[1] *Quest. rom.*, c. 105.

[2] *Epist.* 63 ; Pothier, *Pandect.*, t. 1, p 99, n° 18. *De his qui notant infamiam.*

[3] Idem, *loc. cit.*

[4] *ff. De his qui not.*, l. 2, § 1 ; 3, 2.

qui voulait sur-le-champ épouser Livie que Tibère consentait à lui céder; mais elle était grosse de plusieurs mois; une décision arrachée aux pontifes déclara que la grossesse avancée de Livie faisait cesser les motifs du délai [1]. Théodose ajouta à l'infamie une sanction nouvelle et plus efficace encore : la femme était privée de ses gains nuptiaux; elle ne pouvait donner à son second mari plus du tiers de ses biens; elle était incapable d'hériter d'un étranger; elle ne pouvait succéder à ses propres parents au delà du troisième degré [2].

Plus tard encore, pensant que ce n'était pas assez de forcer la femme à une viduité annale, mais qu'il fallait mesurer l'influence des secondes noces en elles-mêmes, et les considérer dans leurs rapports avec les enfants du premier lit, souvent trop oubliés, Théodose les favorisa en donnant aux enfants d'un premier mariage toutes les libéralités que la femme avait reçues de son premier époux, à quelque titre que ce fût, soit par donation *ante nuptias*, soit par donation à cause de mort, soit par testament, par legs ou par fidéicommis [3]. « Il décida aussi que la femme qui se remarierait ayant des enfants d'un premier lit, perdrait la propriété de tous les dons ou avantages que son premier mariage lui aurait procurés, à quelque titre que ce fût, avec attribution irrévocable et garantie hypothécaire à ces mêmes enfants, sauf l'usufruit de la mère [4]. Plus tard, ces dispositions furent étendues au père qui convolait, par Théodose II et Valentinien II [5], et ce ne fut pas

---

[1] Tacite, *Ann.*, l. 1.

[2] Cod., *De sec. nupt.*, l. 1, 5, 9; Nov. 22, cap. 22 et 23; C., l. 4 *ad S. C. Tert.*, 6, 56.

[3] Cod., *De sec. nupt.*, l. 2.

[4] Cod., *h. t.*, l. 6, § 2; l. 3.

[5] Cod., *De sec. nupt.*, l. 5; Nov. 22, cap. 30; Nov. 2, cap. 2.

seulement, pour le cas de mort naturelle que cette conversion de la propriété en usufruit fut décrétée. Justinien voulut qu'elle eut lieu en cas de divorce[1]. »

Enfin, Léon n'autorisa que le don d'une part d'enfant moins prenant, dans le cas où un époux ayant des enfants d'un autre lit s'en dépouillerait en faveur du second mariage par des donations excessives[2].

Telles étaient les lois qui régissaient l'institution des secondes noces : il ressort de leur étude un fait capital : « c'est, dit M. Troplong, l'avénement de l'intérêt des enfants dans l'organisation du système des secondes noces, intérêt méconnu jusqu'à ce jour et mis en lumière par les idées chrétiennes, intérêt immense, dominant dans notre civilisation moderne, et pour lequel l'illustre chancelier de L'Hôpital élevait derechef la voix dans le célèbre édit de 1560[3]. »

[1] Pothier, *Pandect.*, t. 2, p. 89; M. Troplong. *Infl. du christ.*, chap. 4, p. 186.
[2] Cod., *De sec. nupt*, ll. 6 et 9; Nov. 22, cap. 27 et 28; Nov. 31.
[3] *Infl. du christ.*, chap. eod.

DROIT FRANÇAIS.

De la responsabilité civile en matière de délits et de quasi-délits.

Avant-propos.

Le principe de la responsabilité est une des bases fondamentales de toute espèce de société; ce n'est pas seulement une loi positive écrite dans nos codes, c'est une loi naturelle que la main de Dieu a gravée dans nos cœurs. Quels que soient la religion, le gouvernement, les lois et les mœurs des peuples, partout ce principe existe : Quoi d'étonnant? N'est-il pas le reflet et la conséquence des notions du juste et de l'injuste que tout homme reçoit avec la vie? aussi n'appartient-il pas plus au Code où il est écrit qu'à celui où il ne l'est pas, et ne le fût-il nulle part, il ne serait pas moins une loi innée pour tous.

Toutefois, comme les règles les plus évidentes ont trouvé de tous temps et dans tous les pays des contradicteurs, on a cherché à nier ce principe incontestable : des esprits faux ou orgueilleux ont soutenu que les actions étaient nécessaires et que par conséquent elles ne pouvaient mériter ni louange ni blâme : c'était renverser tout ce que l'homme croit de plus sacré, c'était nier le vice et la vertu, c'était déclarer qu'il n'y avait plus ni lois justes, ni morale raisonnable, ni relation, ni confiance, ni société parmi les hommes. Aussi protestons-nous contre de semblables théories, et, faisant de la liberté la clef de voûte de la société civile, basons-nous toutes les actions humaines sur le mérite et le démérite : on punira le coupable qui a été libre de commettre ou de ne pas commettre le crime dont il a à répondre, on épargnera le fou privé de ses facultés d'examen, privé de sa liberté.

Ces considérations sommaires suffisent pour prouver combien vaste est ce principe de la responsabilité, combien il touche de près aux éléments vitaux de la société. Pour nous, quoique nous n'ayons à nous occuper que de la responsabilité des délits et des quasi-délits, nous n'en avons pas moins à traiter une matière fort étendue, ce qui nous forcera, surtout dans les notions historiques, à ne toucher que les points principaux, sous peine de faire prendre à l'accessoire la place du principal. Ce sujet présente un grand intérêt au point de vue de la théorie, puisqu'il touche à l'organisation même de la société ; au point de vue de la pratique, puisque, plus une société est civilisée, plus les rapports sont fréquents, plus, par conséquent, le droit de chacun peut se trouver lésé. Nous allons essayer d'étudier les règles de cette matière, à laquelle le Code donne si peu de développements, et à laquelle la pratique a recours si fréquemment. Heureux si nous pouvons atteindre ce but et satisfaire ainsi ceux à qui nous devrons certainement d'avoir pu y arriver.

Introduction historique.

CHAPITRE PREMIER.

DES COMPOSITIONS.

Le principe de la responsabilité dérive de la nature humaine, il a dû exister dans tous les temps et chez tous les peuples; aussi est-ce une étude curieuse que celle qui consiste à le suivre depuis le code de la nature, c'est-à-dire chez les peuples à l'état sauvage, jusqu'au code de la civilisation, c'est-à-dire jusqu'à la loi qui nous régit actuellement.

Dans l'enfance des peuples, lorsque aucun pouvoir social n'était constitué, la première loi pénale de l'humanité fut la vengeance. C'est là le principe de la responsabilité dans toute sa force et dans toute son énergie, mais dépassant trop souvent les bornes de la justice pour tomber dans celles de l'arbitraire et de la violence. L'idée existe, mais à l'état sauvage en quelque sorte, comme cette société de qui elle émanait. A cette époque première, chacun se faisait justice à soi-même : un crime était-il commis sur un membre d'une famille, les autres membres poursuivaient par des guerres privées l'expiation de ce crime. La vengeance, d'ailleurs, est un sentiment tellement naturel, tellement inné, que Cicéron l'appelait *cette autre moitié de notre nature*[1], et à l'heure où nous écrivons n'avons-nous pas quelques peuples, les Arabes, les Monténégrins, les Corses, par exemple, qui, oubliant trop souvent qu'il y a des lois pour protéger ceux qui ont souf-

---

[1] *Natura partes duas habet. luitionem sui, ulciscendi jus Top.,* ch. 23.

fert d'un dommage et punir ceux qui l'ont causé, ne veulent s'en remettre qu'à eux seuls du soin de se faire justice : les acquittements presque certains prononcés par le jury en matière de duel, ne sont-ils pas encore, au milieu de notre société si fière de sa civilisation, les derniers vestiges de cette première loi pénale de l'humanité.

La famille remplissait donc, dans ces temps primitifs, le rôle de l'État : la famille était à l'individu lésé ce qu'est aujourd'hui l'État.

Mais, lorsque la société s'organisa sur des bases plus solides, le premier devoir des législateurs dut être et fut de réparer autant qu'il était en eux les désordres que devait nécessairement causer cet état de guerre fréquent et perpétuel. Essayer par des lois d'extirper la vengeance en l'attaquant de front, eût été, de la part des premiers législateurs, un acte impolitique, car ils n'auraient pas été écoutés, ce sentiment était trop enraciné dans les mœurs, et depuis trop longtemps, pour qu'on l'annulât par un article de loi; les législateurs cherchèrent seulement à restreindre la vengeance, à l'enserrer dans des limites fixes et déterminées, à substituer une ombre de régularité et de droit à la lutte déréglée de la force : telle a été l'origine de la loi du talion qui n'est que la vengeance régularisée : tous les premiers et les plus célèbres législateurs[1] proclamèrent cette loi, comprenant qu'il valait mieux qu'elle fût suivie, imparfaite, que violée, parfaite. Aussi, cette pensée de saint Augustin : « *le talion, c'est la justice*

---

[1] *Exode*, XXI, 24, 25; *Levit.*, XXIV, 20 ; *Nombres*, XXXV, 18, 19, 21 ; *Coran*, chap. II, v. 173, 175; Tab. 8, fr. 14, 16. *Si membrum rupit, ni cum eo pacit, talio est.*

des injustes,» est-elle profondément vraie au point de vue philosophique, mais complétement fausse au point de vue historique.

A la peine du talion, qui était déjà un grand progrès sur la vengeance privée, succédèrent ou tout au moins se mêlèrent les compositions, qui furent une amélioration bien plus grande encore : nous allons nous occuper principalement de cette institution qui contient en germe le principe de la responsabilité civile.

Le système des compositions a été appliquée surtout chez les peuples d'origine germanique[1]. Tacite s'exprime ainsi dans son livre sur les mœurs des Germains : «*Suscipere tam inimicitias seu patris seu propinqui quam amicitias necesse est, nec implacabiles durant : luitur enim etiam homicidium certo armentorum ac pecorum numero, recipit que satisfactionem universa domus : utiliter in publicum quà periculosiores sunt inimicitiæ juxta libertatem[2].* » Ce court passage de Tacite peint de main de maître cette institution. L'usage des compositions n'est d'ailleurs qu'une conséquence de la vengeance ; souvent cette dernière était difficile, quelquefois impossible ; souvent une guerre longue entre les parties les lassaient elles-mêmes : alors que faisait-on? on traitait de la paix. C'est là certainement la source des compositions, facultatives dans le principe, obligatoires dès qu'un pouvoir fut assez fort pour les imposer, car c'était un pas immense fait pour la sécurité des peuples.

La composition ou *wehrgeld* a existé chez presque

---

[1] « Qui a des poings peut frapper ; qui a bien et argent peut payer,» dit un proverbe frison.

[2] *Germ.*, chap. 21.

tous les peuples de l'Europe, elle consistait en un paiement fait en animaux ou en produits de la terre; M. Michelet cite, dans ces *Origines*, cette formule de réconciliation : « Nous jurons d'être fidèles à ce serment devant morts et vivants, devant tout homme né et à naître, et cela tant que le chêne est debout dans le champ, tant que sur la terre va l'eau coulant. » Lorsque le *wehrgeld* n'était pas payé à la partie lésée, malgré la promesse faite, elle était déliée de son obligation, et était de nouveau libre d'exercer sa vengeance. Mais, une fois la composition acquittée, si la partie lésée tentait encore de se venger, les lois se montraient à son égard d'une sévérité excessive; plusieurs prononçaient même formellement la mise hors la loi. Cette rigueur des législateurs avait un double motif, d'abord de restreindre autant que faire se pouvait, la vengeance privée, ensuite de donner force et autorité à la loi, en montrant que ce qu'elle avait sanctionné était immuable et sacré, et que les plus terribles peines attendaient ceux qui violaient ses décisions. Plus tard le législateur fit de la composition ce qu'il avait fait de la vengeance; il la restreignit dans des limites fixes en indiquant un maximum que la partie lésée ne pouvait dépasser dans sa demande en réparation ; enfin, il comprit que celui qui avait causé un dommage n'était pas seulement responsable envers celui qui était lésé, mais aussi envers la société troublée par ce fait, et dès lors on exigea une amende au nom de l'État et pour l'État. « Une part des compositions, dit M. Faustin Hélie, était attribuée au fisc à titre de *fredum* : il paraît qu'en général ces *freda* appartenaient aux chefs mêmes des justices. D'un autre côté, certains attentats qui troublaient spécialement l'ordre public, tels que l'incendie, le rapt, l'effusion du sang dans les églises, étaient punis, outre les compositions, du *bannum*, amende de 60 sous prononcée au profit du roi[1]. » Les rois francs eurent aussi recours à la composition ; Charlemagne, dont les vues étaient si supérieures à son époque, appuya de toute son autorité cet usage : il punit de l'amputation de la main et d'amende celui qui osait rompre la paix conclue par la composition[2].

Le taux du *wehrgeld* variait suivant la nationalité, le rang ou le sexe. Quelquefois la composition pour le crime commis par un étranger était celle qu'il aurait obtenue dans son pays, quelquefois il était mis sur le même pied que les nationaux. C'est surtout dans la législation criminelle que se dévoile la profonde distinction que l'on faisait entre les individus qui appartenaient à telle ou telle classe de la société. Combien de faits curieux ne pourrait-on citer ? Ainsi, en matière de composition, la peine pécuniaire était la même, s'il s'agissait du meurtre d'un noble franc, ou de huit esclaves, ou de trois affranchis ; si bien que, si l'on tuait huit esclaves, on n'était pas plus puni que si l'on tuait un noble : aussi y avait-il des tarifs qui indiquaient à combien était estimée la vie de tel ou tel individu, tarifs variant suivant les positions de rang ; c'est ainsi qu'à cette époque on comprenait la hiérarchie sociale[3]. La

---

[1] *Tr. Inst. crim.*, t. 2, p. 54.

[2] *Et si quis, post pacificationem alterum occidit, componat illum, et manum quem perjuravit perdat, et insuper bannum dominicum perdat*, Capit. II, an. 805, cap. V.

[3] La loi des Douze-Tables contenait une disposition qui élevait à 300 as la composition pour un os brisé, si l'homme était libre, à 250 s'il était esclave. Tab. 8 ; Fr. 3 ; Gaïus, *Comment.*, III, § 333 ; Loysel, *Inst. cout.*, l. 6, 2, 31, 32.

composition variait suivant le sexe : le meurtre d'une femme était plus puni que celui d'un homme, celui d'une femme grosse, plus que celui d'une vierge.

Le dommage matériel était aussi pris en grande considération ; il y avait une tarification d'une minutie extrême [1], où la composition variait suivant la gravité du fait, la longueur, la profondeur de la blessure : quant au point capital de tout délit, à l'intention on s'en occupait peu ou point, et on oubliait ainsi pour des minuties insignifiantes et ridicules le principe fondamental sur lequel repose la légitimité des peines [2].

En matière de composition, la famille était solidaire du fait de ses membres : si elle souffrait du meurtre, elle profitait de la réparation ; si elle aidait au meurtre, elle contribuait à la réparation. Quant à la part des parents dans le *wehrgeld*, elle était proportionnée à leurs degrés de parenté. Pour être affranchi du *wehrgeld*, soit comme parent du meurtrier, soit comme parent de la victime, il fallait avoir abandonné tous ses droits et devoirs de famille.

Tels sont les caratères principaux de ce système des compositions, qui se rapproche si intimement du sujet que nous traitons, et «qui ne fut définitivement abandonné que vers le milieu du seizième siècle, après que l'ordonnance de 1535 et l'édit de 1554 eurent commencé à organiser l'action publique et à lui attribuer de l'indépendance [3]. » Ce système, grand progrès sur le droit pénal antérieur, n'en prête pas moins à bien

---

[1] *Origines*, par Michelet, p. 23.

[2] D'après la loi salique, il y avait chez les Francs 258 compositions diverses (Dalloz, *Peine*, n° 10).

[3] Dalloz, *Inst. crim.*, n° 8.

de graves critiques. L'intention, qui est aujourd'hui, comme elle aurait toujours dû l'être, le point de départ de la peine, était reléguée à un rang secondaire; le fait matériel: voilà ce qui formait autrefois la base essentielle et principale de la pénalité. D'un autre côté, l'argent baissant dans une proportion quelquefois incroyable, et le taux de la composition restant le même, on arrivait à payer pour des faits graves des amendes dérisoires. Aulu-Gelle raconte une anecdote qui prouve ce que j'avance. La loi des Douze-Tables punissait de 25 as les injures non déterminées : alors la somme pouvait être en proportion de l'offense, mais plus tard cette amende devint dérisoire par suite de la dépréciation de la monnaie : aussi vit-on un jour à Rome un jeune et riche patricien, Veratius, se promener dans les rues une bourse à la main, donner un soufflet aux passants et leur payer aussitôt la ridicule amende fixée.

La composition n'était pas toujours une peine suffisante : elle rachetait la plupart des crimes ou des délits, sauf ceux qui touchaient à la base de la religion, de l'état, de la propriété et de la famille. Quelquefois, au contraire, on était d'une rigueur barbare pour un fait minime: ainsi un individu qui volait nuitamment une gerbe de blé était puni de mort, comme ayant commis une offense à Cérès; l'échelle des peines était proportionnée aux idées, aux préjugés de ces temps, et non à la gravité du fait, au degré de criminalité et au trouble causé à la société. Un dernier reproche qu'on peut adresser à ce système, c'est qu'il était d'une inégalité choquante : celui qui avait de la fortune pouvait impunément commettre tel ou tel crime qu'il voulait; il payait, tout était dit, tandis que le pauvre citoyen, poussé peut-être au meurtre par la provocation, subissait des peines corporelles auxquelles il ne pouvait se soustraire.

On voit, par ce rapide aperçu du système des compositions, combien il restait encore à faire pour donner à la justice sa véritable devise : *suum cuique*. Nous nous sommes un peu étendu sur cette matière, parce qu'elle montre la responsabilité civile telle qu'on l'a comprise dans l'origine. Nous allons, après cette digression amenée par l'importance du sujet, nous occuper de la responsabilité dans le droit romain et dans le droit ancien.

CHAPITRE II.

DE LA RESPONSABILITÉ CIVILE EN DROIT ROMAIN.

Le principe de la responsabilité est un principe de droit naturel, dès lors il existe en droit romain, seulement il y a souvent confusion entre la responsabilité civile et la responsabilité pénale. Il est évident que cette distinction n'a pas dû exister dans les premiers temps de Rome ; mais même plus tard, et jusque sous la législation de Justinien, on ne trouve pas une ligne de démarcation bien déterminée, bien réfléchie : c'est toujours la responsabilité civile qui domine et souvent annihile la responsabilité pénale, dans des cas où, selon les principes du droit, cette dernière devrait exister.

C'est dans la division des délits en délits publics et privés que l'on trouve l'idée première de la distinction entre l'action publique et l'action privée : idée aussi incomplète que possible, qui demandera des siècles pour se développer selon la justice et le droit, et devenir ce qu'elle est aujourd'hui. Les délits publics étaient ceux qui, tels que l'homicide, la concussion, etc., étaient justement considérés comme portant atteinte à l'ordre social, au maintien duquel tous les citoyens sont intéressés; aussi, comme conséquence de ce principe, le droit d'accusation était conféré à tout citoyen, pourvu qu'il eût rempli les conditions d'idonéité requises[1]; les délits privés étaient ceux qui, tels que le vol, les injures, étaient regardés conme intéressant seulement les personnes auxquelles ils avaient porté préjudice : dans ce cas, la partie lésée seule avait le droit de demander réparation : aucune exception alors ne lui était opposée; toutes les incapacités s'effaçaient[2]. Le droit de la partie lésée était toujours préféré, même en cas de crimes publics : *Is cujus interest præfertur*[3]. Toutefois, le droit d'accusation appartenait à tout citoyen ; chacun pouvait dénoncer et poursuivre : *in plerisque judiciis crederet populus romanus sua interesse quid judicaretur.* C'est dans ces institutions qu'on voit se dessiner tout ce que le caractère romain avait de grand et de sublime : les maximes de l'égoïsme faisaient place, dans ces âmes privilégiées, à celles du désintéressement : on oubliait son intérêt privé pour l'intérêt public. En effet, quelle pénible tâche que celle de l'accusateur! Il devait, soutenir l'affaire, la suivre dans tout son cours, faire l'instruction, et, s'il succombait dans ses efforts, il encourait une responsabilité personnelle terrible, car l'absolution de l'accusé n'était que le point de départ d'un nouveau procès, non plus cette fois contre l'accusé, mais contre l'accusateur. Cette théorie, si pleine de grandeurs, avait ses défauts, qui apparurent surtout lorsque Rome, oubliant ses mœurs sévères, s'appro-

---

[1] *ff. De accusat.*, l. 8, § 9.
[2] *ff.* l. 11, *eod. tit.*
[3] *ff. De pop. act.*, l. 3, § 1.

pria les vices des peuples qu'elle avait vaincus. La corruption s'était glissée dans les cœurs primitivement si rigides des juges romains : Cicéron nous en donne de déplorables exemples [1]. On voit qu'à cette époque la responsabilité civile existait presque seule : les intérêts particuliers étaient représentés, mais l'intérêt social ne l'était nullement ; à la partie lésée seule dans certains cas, à elle ou à l'accusateur dans d'autres, à intenter l'action ; mais par ce système combien de crimes impunis ! On jugeait trop les querelles publiques comme des querelles privées auxquelles l'État était étranger. Ce ne fut qu'un peu avant l'ère impériale que l'on comprit combien cet état de choses était insuffisant : c'est alors qu'on voit apparaître la poursuite d'office pour les crimes flagrants et notoires [2].

Les empereurs étendirent et restreignirent tout à la fois le droit d'accusation : ils l'étendirent dans leur intérêt propre, en investissant de ce droit, en cas seulement de crime de lèse-majesté, non-seulement les citoyens, mais les condamnés, les femmes et même les esclaves [3]. Cette législation amena dans l'État les plus regrettables désordres ; Tacite en trace un émouvant tableau [4]. Ils le restreignirent lorsqu'il ne fut question que de l'intérêt des particuliers ; à côté de l'action privée et de l'action populaire naquit la poursuite d'office confiée à des magistrats nommés par l'empereur.

D'après ces notions sommaires, il est facile de voir qu'une instance criminelle n'était en quelque sorte

[1] *Pro Cluentio par.* 27.
[2] Faustin Hélie, *Tr. Inst. crim.*, t. 2, p. 50.
[3] *ff. Ad leg. Jul. majest.*, l. 1.
[4] *Ann.*, l. 4, § 30.

qu'une lutte entre deux intérêts privés : la partie lésée demandait réparation, mais l'État ne se sentait blessé dans ses intérêts moraux qu'en présence de ces crimes qui jettent la perturbation dans toute espèce de société. Il est bon toutefois de dire que, bien avant Justinien, on avait commencé à comprendre mieux qu'à côté de la responsabilité civile il y avait une responsabilité pénale, même pour les délits d'une importance minime ; le vol, par exemple, pouvait être poursuivi criminellement et la sanction de ce délit consistait en une peine tout à la fois pécuniaire et corporelle [1].

Après ce rapide aperçu des principes généraux, passons à l'examen des textes. La loi Aquilia, plébiscite porté en l'an 528 sur la proposition du tribun Aquilius, est le siége de la matière. Les tit. II et III traitent du dommage direct ; le tit. IV, du dommage causé par le fait d'autrui, fils de famille ou esclave ; le tit. Ier, du dommage causé à raison du fait des animaux. A la simple lecture de cette loi, on voit que le législateur romain ne pose pas un principe général et absolu : il procède par exemples, il est simplement dirigé par un sentiment de justice qui ne peut se traduire en une règle précise : aussi, bon nombre d'actions prétoriennes furent-elles instituées à mesure qu'on en sentit la nécessité, pour la réparation des diverses espèces de dommages illicites. La loi qui nous occupe ne parle que des dommages causés, considérés seulement au point de vue du préjudice éprouvé ; il faut aussi remarquer qu'aucun exemple n'est donné d'un dommage causé par inaction, l'inaction n'étant illicite que relativement à une obligation d'agir, mais seulement de celui occa-

---

[1] *ff. De privatis del. l. ult.*, *de furtis*, l. ult.

sionné par une action directe et matérielle sur la chose d'autrui et consistant en une lésion de la substance de cette chose. Quant à l'action utile, elle s'appliquait à des cas qui n'étaient point rigoureusement conçus suivant les dispositions de la loi Aquilia, mais qui leur étaient identiques aux yeux de l'équité.

Voici les propres termes du premier chef de la loi Aquilia : « *Qui servum servamve, alienum alienamve, quadrupedem vel pecudem, injuria occiderit, quanti id in eo anno plurimi fuit, tantum æs dare domino damnas esto* [1]. » Ce chef ne s'applique exclusivement qu'au meurtre des esclaves et aux animaux allant en troupeau. La réparation du dommage doit être évaluée non-seulement sur la valeur corporelle de la chose, mais encore sur la valeur relative. Lorsque celui qui avait commis le fait dommageable ne voulait pas l'avouer, il était condamné au double. Le maître de l'esclave tué peut intenter l'action privée ou l'action capitale, l'une d'ailleurs ne préjudicie pas à l'autre. Le troisième chef de la loi Aquilia s'appliquait à toute espèce de dommage, il était ainsi conçu : « *Cæterarum rerum, præter hominem et pecudem occisos, si quis alteri damnum faxit, quod usserit, fregerit, ruperit injuria, quanti ea res erit in diebus triginta proximis, tantum æs domino dare damnas esto* [2]. » Parmi les nombreux exemples que donne le Digeste, on peut citer ceux-ci : Sont responsables ceux qui, en taillant un arbre ou en travaillant à un bâtiment, blessent des passants, dans le cas seulement où ces derniers n'auraient pas été avertis; le médecin qui, après avoir fait une opération à un ma-

[1] *ff. Ad leg. Aq.*, l. 2 princ.; Inst., *h. t.*
[2] *ff. Ad leg. Aq.*, l. 27, § 5.

lade esclave, abandonne le traitement du malade, qui par suite en meurt; le muletier, dont les mules emportées auraient écrasé un esclave, etc.... D'après la loi Aquilia, lorsqu'il y a cas fortuit, il n'y a pas lieu à responsabilité personne n'étant en faute. Quant au second chef de cette loi, il était tombé en désuétude bien avant Justinien; il était relatif à l'adstipulateur, qui aurait par acceptilation éteint une créance et libéré le débiteur en fraude du stipulant.

La réparation du dommage causé pouvait donner lieu à trois actions: l'action directe de la loi Aquilia, l'action utile, l'action *in factum*. Pour avoir droit à la première, il fallait que le dommage eût été causé *corpore et corpori* [1]; s'il ne l'avait été que *corpori*, on donnait alors une action utile: tel était le cas dans lequel devait se trouver l'usufruitier ou le créancier gagiste qui avait souffert du préjudice. Lorsqu'il n'y avait pas d'objet corporel détruit ou dégradé, mais lorsqu'il y avait néanmoins dommage éprouvé, on pouvait intenter l'action *in factum*.

Le tit. III du liv. IX au Digeste (*De his qui effuderint vel dejecerint*) touche aussi à la matière qui nous occupe. Celui qui habitait la maison était responsable non-seulement de sa faute, mais de celle des siens. Peu importait que la chose tombât au moment où on la suspendait ou plus tard, la responsabilité n'en était pas moins encourue. L'action donnée était au double, ainsi qu'on peut le lire dans le *procemium* de la loi. Elle devait être intentée contre le chef de famille qui habitait le bâtiment ou la partie de bâtiment d'où les objets avaient été jetés. Toutefois, si le fils de famille habite un loge-

___

[1] *ff. h. t.*, l. 7, § 1, lib. 9, tit. 3; M. Ortolan, *Inst. expl.*, t. 2, p. 387.

ment séparé de celui de son père, et s'il a été jeté quelque chose, il sera tenu personnellement, car il n'y a pas, comme dans les cas ci-dessus, présomption de faute de la part du chef de famille. Cette action étant perpétuelle se donnait à l'héritier, mais non contre l'héritier : elle ne devenait annale que dans le cas de mort d'un homme libre, et comme elle avait un caractère pénal, elle ne se donnait ni à l'héritier ni contre lui. Une action *in factum* fut donné par le préteur contre celui qui avait suspendu un objet qui pouvait causer du dommage par sa chute.

Le capitaine de navire et l'aubergiste sont responsables des vols commis sur leur navire et dans leur auberge par les personnes qu'ils emploient à leur service. Cette action est prétorienne, *in factum*, donnée pour le double ; l'action civile de vol ou celle de la loi Aquilia peut aussi être exercée[1].

Le juge qui fait le procès sien est responsable du dommage causé : à l'équité du nouveau juge est laissé le soin de déterminer le montant de la condamnation[2].

Relativement aux délits et quasi-délits commis par les fils de famille et les esclaves, la responsabilité, sauf quelques exceptions, avait un caractère particulier. Le père de famille ou le maître, responsable des délits commis par le fils ou par l'esclave, pouvait se libérer en faisant abandon de l'auteur du dommage ; cette action, on le comprend, n'était pas principale, mais consistait seulement dans la faculté laissée au défendeur de se libérer par l'abandon noxal. L'action noxale se donnait contre le maître actuel, d'après le principe :

---

[1] Inst., liv. 4, t. 5, § 3.
[2] Inst., *h. t., princip.*

noxa caput sequitur. L'abandon s'opérait au moyen d'une mancipation qui plaçait le fils ou l'esclave sous la puissance de la partie lésée : *Et hunc actor pro pecunia habet*[1].

Par suite de l'influence du christianisme et des progrès de la civilisation, l'abandon noxal du fils avait été abrogé de fait depuis longtemps, lorsque Justinien l'abrogea de droit; on poursuivit alors le fils, et le montant de la condamnation s'exécuta par l'action *de peculio* contre le père[2].

Enfin, pour terminer ce qui concerne le droit romain, il nous reste à parler de l'action *de pauperie*, donnée contre le propriétaire de certains animaux, les quadrupèdes, pour la réparation du dommage qu'ils avaient causé[3]. L'action utile était donnée pour le dommage résultant du fait d'autres animaux. En consultant les textes du Digeste, on voit que la loi ne s'occupait que du dommage causé par les animaux domestiques *contra naturam*, c'est-à-dire lorsqu'ils quittaient leurs habitudes pacifiques. Un seul texte tiré des *Sentences* de Paul fait exception : il donnait l'action *de pauperie* contre le propriétaire de l'animal qui avait brouté sur le terrain d'autrui[4].

Quant au dommage causé par les animaux sauvages échappés à leurs maîtres, il n'y avait aucune action : *quia desiit dominus esse ubi fera evaserit.* Cependant, tant que le maître conservait la propriété de l'animal sauvage, il était tenu par l'action utile[5]. Si le dommage

[1] Gaïus, *Com.*, 1, 140.
[2] Inst., liv. 7, tit. 8; *ff. De noxal. act.*, l. 35.
[3] Inst., l. 4, t. 9; *ff. Si quad. paup*, liv. 9, tit. 1.
[4] Paul, *Sent*, lib. 1, t. 15.
[5] *Institutes* de Ducaurroy, t. 2, n° 1297.

avait été causé sur la voie publique, *in ea parte quo vulgò iter fit*, malgré la défense portée dans l'édit des édiles, le propriétaire de l'animal subira, au lieu de la condamnation au double du dommage, une condamnation laissée à l'arbitraire du juge : *quod bonum et æquum judici videtur.* L'action *de pauperie* compétait non-seulement au maître de la chose endommagée, mais à quiconque avait intérêt, non-seulement à l'héritier, mais aux autres successeurs. Le propriétaire pouvait, ou livrer l'animal — mais seulement quand il était vivant — ou payer la réparation complète du dommage.

Tels sont quelques-uns des principaux exemples de responsabilité civile en matière de délits et de quasi-délits ; en présence du grand nombre de titres aux Institutes, au Digeste et au Code qui traitent de cette matière, nous avons dû nous borner et oublier ainsi bien des faits peut-être essentiels, mais que l'étendue du sujet nous empêchait d'aborder.

CHAPITRE III.

DE LA RESPONSABILITÉ CIVILE DANS L'ANCIEN DROIT FRANÇAIS.

Longtemps ce fut un principe, dans le droit des époques primitives, que chacun pouvait se faire justice à soi-même ; il était d'ailleurs la conséquence nécessaire du défaut de protection et d'institutions publiques suffisantes à garantir les nécessités de l'existence [1].

---

[1] Aujourd'hui encore, en Amérique, les applications assez fréquentes de ce qu'on appelle *la loi de Lynch*, ne sont-elles pas causées par les mêmes motifs ?

Alors le principe de la responsabilité n'était vrai que pour quiconque n'était pas assez puissant pour tenir tête à la personne lésée; mais il n'était qu'un vain mot pour ces seigneurs privilégiés, qui se mettaient au-dessus de la justice, qui, par leurs guerres privées, répandaient autour d'eux la misère et le deuil, et qui livraient à la mort dans leurs luttes continuelles, fondées souvent sur les plus futiles motifs, leurs vassaux, qui étaient venus leur demander aide et protection. Aussi, était-ce une déplorable situation que celle de ces vassaux qui, fatigués d'une liberté que son incertitude même rendait inutile, en avaient sacrifié une partie pour jouir sûrement et en paix du reste. Mais, au lieu de cette paix qu'ils cherchaient, on les entretenait dans des guerres perpétuelles : au lieu de cette justice qu'ils demandaient, on les accablait par l'oppression et par l'arbitraire le plus violent.

La loi, qui était trop faible pour empêcher les guerres entre les grands, était malheureusement assez forte pour opprimer les petits, l'histoire le prouve surabondamment. Ainsi, le président Hénault, dans son *Abrégé chronologique de l'histoire de France*, cite, parmi les événements importants, parmi les faits extraordinaires qui se sont passés en l'an 1557, « un arrêt remarquable contre le seigneur de Vernon, par lequel il fut condamné à dédommager un marchand qui, en plein jour, avait été volé dans le chemin de sa seigneurie[1]. » La loi, bien ancienne, puisqu'elle datait de Charlemagne (capit. an 812), obligeait les seigneurs à garder les chemins depuis le soleil levant jusqu'au soleil couché, à cause du droit de péage qu'ils percevaient sur les

[1] T. 1, p. 243.

passants. Mais à quoi servent les meilleures lois lorsqu'elles ne sont pas appliquées? Et ce n'était malheureusement que trop la vérité, puisqu'on ne peut citer, de l'an 812 à l'an 1257, que l'arrêt relaté ci-dessus et un autre rendu contre le comte d'Artois en 1287.

De quelque côté qu'on jette les yeux, on trouve la contradiction, la dureté, l'incertitude, l'arbitraire. Quelle idée se faire d'un pays où l'on emploie les épreuves du feu, des fers chauds, de la croix, de l'eau froide, de l'eau bouillante, comme moyens de preuves judiciaires! C'est une triste législation que celle qui recourt aux divinités pour les faire juger en dernière instance sur des faits qui présentent trop de doutes à l'intelligence des hommes, ou qui, comme le duel judiciaire, fait remplacer le miracle par le droit du plus habile ou du plus fort. Il faut le témoignage des lois et des historiens contemporains pour qu'on puisse s'imaginer que de tels moyens servaient à démontrer l'innocence ou la culpabilité. Voilà des hommes que la loi n'a pas encore condamnés; eh bien! dans l'incertitude où l'on est de leur crime, on leur fait souffrir un supplice beaucoup plus cruel que la mort qu'on leur donne quand on est certain qu'ils la méritent. Combien illusoire devait être le principe de la responsabilité avec de telles institutions! Combien de fois des innocents, épuisés par la torture, n'ont-ils pas, pour éviter des souffrances plus cruelles, avoué avoir commis des crimes dont les véritables auteurs étaient ainsi à jamais déchargés!

Au milieu de ce déplorable état de choses, on est heureux de rencontrer quelques grandes et nobles réformes : aussi l'esprit, fatigué de cette longue série de lois injustes et barbares, se repose avec bonheur sur les institutions de saint Louis : ce fut certes une des principales gloires de ce roi d'avoir été le premier monarque français qui ait énergiquement attaqué les guerres privées et les duels judiciaires; qui, en ouvrant la voie à la juridiction royale, ait forcé dans ses derniers retranchements cette justice ne reposant que sur la force individuelle [1].

Nous avons rappelé en quelques mots ces notions, parce que, dans l'étude sommaire de la responsabilité civile dans le droit ancien, on verra que la théorie pouvait bien être telle que nous la démontrerons, mais que, dans la pratique, bien des circonstances devaient venir entraver et quelquefois annuler les droits les mieux fondés : nous ferons donc complétement abstraction des temps et de l'histoire pour poser en quelques mots les principes généraux.

Dans l'ancienne jurisprudence, la réparation civile était connue sous le nom *d'amende* et ne se distinguait pas de celle accordée à l'État; ce ne fut qu'en 1499 qu'elle reçut les dénominations *d'intérêts de partie* ou de *dommages-intérêts* [2]. Mugart de Vouglans veut en faire une peine infamante [3], mais cette opinion est combattue par Rousseau de Lacombe dans son *Traité des matières criminelles*, et par Jousse dans son *Commentaire sur l'ordonnance de* 1670; ces auteurs, faisant l'un et l'autre l'énumération des peines infamantes, ne placent nullement parmi elles les réparations civiles. De même, malgré l'opinion de Mugart de Vouglans, *inté-*

---

[1] Beaumanoir, dans sa *Pratique* composée en 1283, dit : « *Li saint rois Loois les osta de sa court, si ne les osta pas de la court à ses barons.* »

[2] Merlin, *Rép.*, *Répar. civ.*

[3] *Lois crim.*, l. 2, tit. 4, § 4, n° 1.

rêts de partie, réparation civile et dommages-intérêts étaient des dénominations tout aussi bien relatives aux jugements civils qu'aux jugements criminels. Merlin le prouve par l'énoncé d'un arrêt du 12 mars 1674 [1].

La personnalité des fautes était déjà un principe reconnu et proclamé dans l'ancien droit, et, si la responsabilité pénale demandait et nécessitait une réforme complète par les vices dont elle était entachée, le système de la responsabilité civile restait plutôt dans les bornes de la justice et de l'équité, et prenait en grande partie pour base les principes du droit romain. Toutefois il s'attachait trop au fait matériel du dommage et condamnait souvent l'auteur bien innocent du préjudice à le réparer; en cela il avait abandonné un sage principe formulé cependant d'une manière bien précise par les jurisconsultes romains [2]. Ainsi, tout en admettant la règle de la non-imputabilité quant à la peine à l'égard des insensés, il ne les dispensait pas pour cela des réparations civiles. Un arrêt du 24 janvier 1654 condamna un insensé à des dommages-intérêts pour avoir donné à une personne un coup d'épée dans un état de fureur [3].

On peut distinguer, dit Domat, « trois sortes de fautes dont il peut arriver quelque dommage : celles qui vont à un crime ou à un délit; celles des personnes qui manquent aux engagements des conventions, comme un vendeur qui ne délivre pas la chose vendue, un locataire qui ne fait pas la chose dont il est tenu; et celles qui n'ont point de rapport aux conventions et qui

---

[1] Merlin, *Répar. civ.*
[2] *ff.* lib. 26, tit. 7, loi ult.
[3] Denizart, *Insensé.*

5.

ne vont pas à un crime ni à un délit, comme si, par légèreté, on jette par une fenêtre quelque chose qui gâte un habit; si des animaux mal gardés font quelque dommage; si on cause un incendie par imprudence; si un bâtiment qui menace ruine tombe sur un autre et y fait du dommage[1]. » Le long titre que Domat consacre à la matière qui nous occupe, n'est qu'une copie à peu près littérale des lois romaines, des divers cas que nous avons étudié précédemment : ce serait donc tomber dans des redites que de l'analyser, nous nous bornerons à signaler deux points principaux.

Les règles du droit romain ne furent pas universellement admises dans notre ancienne jurisprudence en ce qui concerne la responsabilité des père et mère. Après avoir cité plusieurs coutumes et plusieurs arrêts de parlements, notamment de celui de Paris, Merlin ajoute: «On ne peut s'adresser au père en pays coutumier que pour lui faire rendre compte de ce qu'il pourrait devoir à son fils, comme détenteur des biens de la mère défunte, ou à tout autre titre[2]. » Toutefois l'art. 656 de la coutume de Bretagne portait: « Si l'enfant fait tort à autrui, tant qu'il sera au pouvoir de son père, le père doit payer l'amende civile, pour ce qu'il doit châtier ses enfants[3]. » Toullier assure que cet article devint le droit commun de la France; il est permis d'en douter en présence des autorités citées par Merlin.

Cette matière, d'ailleurs, a laissé bien des points incertains; cependant presque tous les auteurs s'accordent

[1] *Lois civiles*, tit. 8, p. 175; voir aussi Pothier, *Obl.*, t. 1, nos 116 à 124; 453 et suiv.

[2] *Repert.*, *Puissance paternelle*, sect. 3, § 2, no 2.

[3] Merlin, *eod.*, no 7; Toullier, t. 11, p. 260.

sur deux principes d'après lesquels le père était responsable : 1° lorsqu'il prenait fait et cause pour son fils et le défendait en justice ; 2° quand il avait lui-même pris part aux délits de ses enfants, et, par cela même qu'il ne les avait pas empêchés quand il le pouvait, il était regardé comme complice. Legrand, sur la coutume de Troyes, cite un arrêt du mois d'avril 1644, qui déclare : « qu'un père en la présence duquel son fils impubère sortant de l'Église, ayant querelle, avait baillé un coup de pied à un autre, dont il mourut quelques jours après, fut condamné à cent vingt livres pour dépens, dommages et intérêts : le fils fut renvoyé absous[1]. » Il est très-probable qu'à cette époque le père n'avait pas contre lui la présomption qu'il a aujourd'hui ; il fallait que la partie lésée prouvât qu'il y avait eu connivence.

Quant aux dommages causés par les animaux, l'abandon noxal n'était permis que par quelques rares coutumes, parmi lesquelles la coutume de Bretagne, dont l'art. 640 portait : « Si les chevaux ou charrettes ou autres choses méfaisaient, réparation en serait faite sur la valeur ; et au cas que ceux à qui sont les chevaux, charrettes ou autre chose, ne les voudraient laisser pour la réparation du méfait, ils seraient tenus de le réparer à la discrétion du juge. » Mais la généralité des pays coutumiers suivait une doctrine contraire à celle du droit romain et ne permettait pas l'abandon de l'animal ou de la chose. Toutefois la distinction du dommage *secundum naturam* ou *contra naturam* était adoptée sauf une exception : lorsque les champs étaient dévastés par le gibier, les particuliers lésés pouvaient réclamer contre le seigneur du fief : cette exception dérivait du

[1] Coutumes de Troyes, art. 168, gl. 5, n° 26.

droit exclusif de chasse que possédaient les seigneurs, et de la défense faite sous les peines les plus sévères de tuer le gibier, même lorsqu'il commettait un dégât quelconque[1].

Le Code Napoléon règle aujourd'hui la matière qui nous occupe par ses art. 1382 et suivants : nous ne pouvons mieux expliquer la portée et l'esprit de ces articles, qu'en citant ces quelques paroles prononcées par M. Tarrible, orateur du Tribunat, dans son rapport au Corps législatif: « Chacun est responsable du dommage qu'il a causé non-seulement par son fait, mais encore par sa négligence ou par son imprudence. Cette disposition, qui donne une garantie à la conservation des propriétés de tout genre, est pleine de sagesse. Lorsqu'un dommage est commis par la faute de quelqu'un, si l'on met en balance l'intérêt de l'infortuné qui le souffre avec celui de l'homme coupable et imprudent qui l'a causé, un cri soudain de la justice s'élève et répond que ce dommage doit être réparé par son auteur. Cette disposition embrasse, dans sa vaste latitude, tous les genres de dommages et les assujettit à une réparation uniforme qui a pour mesure la valeur du préjudice souffert. Depuis l'homicide jusqu'à la plus légère blessure, depuis l'incendie d'un édifice jusqu'à la rupture d'un meuble chétif, tout est soumis à la même loi, tout est déclaré susceptible d'une appréciation qui indemnisera la personne lésée des dommages quelconques qu'elle a éprouvés. »

[1] Dalloz, *Resp.*, n° 19.

CHAPITRE IV.

APERÇU DE LA RESPONSABILITÉ CIVILE D'APRÈS LES LÉGISLATIONS ÉTRANGÈRES.

Le principe de la responsabilité, par ce fait même qu'il est une émanation du droit naturel, existe dans tous les Codes; quelques différences seulement ont lieu dans l'application; nous ne donnerons que des considérations sommaires, sans entrer dans des distinctions qui nous entraîneraient trop loin.

Comme observation générale, on peut signaler la tendance de la législation française à généraliser, à fixer une règle précise, qui doit servir de base à toutes les questions de fait, tandis qu'au contraire bon nombre de législations étrangères, telles que celles de la Prusse, de l'Autriche, etc., cherchent plutôt à spécialiser, c'est-à-dire à donner quantité d'exemples, et à se borner à ces exemples, sans poser un principe unique et général. Dans la première, on laisse la solution des questions à la souveraine appréciation des juges; dans les secondes, on cherche, autant que faire se peut, à tracer la voie, à indiquer la décision du plus grand nombre de cas. L'esprit du législateur, une fois qu'il établit des distinctions, les pousse fort loin, sans trop s'inquiéter de la manière dont le juge s'y prendra pour retenir et surtout pour appliquer toutes ces dispositions minutieuses. Pour nous, nous croyons qu'il vaut beaucoup mieux abandonner davantage aux lumières et à la conscience du juge, que de le jeter dans un labyrinthe légal, d'où il a peine à sortir, que de s'évertuer à poser des distinctions, quand, en définitive, on ne pourra jamais embrasser la totalité des cas.

Sur la matière qui nous occupe le Code prussien contient cent trente-six articles[1]. Les principes de la responsabilité directe sont à peu près les mêmes que ceux émis par la loi française, ceux de la responsabilité du fait d'autrui sont seuls différents : cette législation reste, si on peut s'exprimer ainsi, dans un demi-matérialisme. Les parents et curateurs ne doivent réparer que le préjudice causé par les enfants au-dessous de sept ans et les insensés, et ces derniers pourront être même poursuivis sur leur fortune après discussion de celle de leurs parents ou curateurs; toutefois on devra laisser aux enfants ou aux insensés les biens suffisants pour leur entretien et leur éducation (art. 41-44, tit. VI, 1re partie). La responsabilité des maîtres n'existe que s'ils sont en faute et après discussion des biens de l'auteur du dommage (art. 60-69).

Le Code autrichien contient trente-sept articles[2]; il a grande analogie avec le Code prussien. En vertu de l'art. 1300, « un homme de l'art appelé à donner son avis moyennant salaire, est responsable, soit lorsqu'il a causé du dommage à autrui, en donnant sciemment un mauvais conseil, soit lorsqu'il donne par mégarde un conseil préjudiciable. »

La loi russe suit les mêmes principes que les deux Codes précédents. L'ukase du 21 mars 1851 consacre à notre matière quarante-cinq articles (art. 36-81). L'art. 44 déclare responsable celui qui, connaissant un délit qui va s'exécuter, ne le dénonce pas, ou ne l'empêche pas, s'il le peut.

« Les autres Codes étrangers, dit M. Dalloz, se rap-

[1] M. de St-Joseph, t. 3, p. 243.
[2] Id., t. 1, p. 136.

prochent davantage de la loi française. Seulement ils
en complètent les dispositions à l'aide des règles em-
pruntées au droit romain, ou par l'adjonction de quelques espèces particulières[1]. » L'abandon noxal et l'action *damni infecti* sont les principes qui surtout ont
passé dans les législations étrangères. L'art. 729 du
droit commun allemand porte : « Le propriétaire peut à
son choix abandonner l'animal qui a causé le dommage.
Il est affranchi, si l'animal meurt avant la demande en
réparation du dommage[2]. »

[1] *Resp.*, n° 21.
[2] M. de St-Joseph, t. 1, p. 137.

De la responsabilité civile en matière de délits et de quasi-délits, d'après le Code Napoléon.

Première partie.

RESPONSABILITÉ A RAISON D'UN FAIT PERSONNEL.

TITRE PREMIER.

RESPONSABILITÉ RÉSULTANT DES DÉLITS.

CHAPITRE PREMIER.

CARACTÈRES GÉNÉRAUX.

« Tout fait quelconque de l'homme qui cause à autrui un dommage, oblige celui par la faute duquel il est arrivé à le réparer. » Tel est le texte de l'art. 1382 : telle est aussi la définition la plus complète du principe de la responsabilité, principe simple en apparence, mais qui devient souvent d'une application délicate par la multitude infinie de questions de faits qui s'y rattachent.

La responsabilité est pénale ou civile : la première est la réparation du préjudice causé aux intérêts moraux de la société ; nous n'aurons nullement à nous en occuper dans le cours de ce travail ; la seconde est la réparation du préjudice causé à l'individu ; cette réparation se résout en une indemnité pécuniaire qui s'obtient par l'exercice de l'action civile.

Pour qu'il y ait responsabilité dérivant d'un délit, il faut trois conditions : intention de nuire, acte illicite et fait imputable à l'agent. Le mot délit doit être entendu ici dans un sens plus général encore que dans le sens générique du Code de brumaire an IV, il comprend, en effet, non-seulement les crimes, délits et contraventions, mais encore les délits civils ; un fait qualifié délit en droit pénal, l'homicide par imprudence, par exemple, n'est qu'un quasi-délit en droit civil ; et de même le Code pénal ne connaît pas d'un délit civil très-caractérisé, le stellionat. En d'autres termes, suivant la définition de MM. Aubry et Rau, le mot *délit* désigne : « en droit civil, toute action illicite par laquelle une personne lèse sciemment et méchamment les droits d'autrui ; en droit criminel, toute infraction définie et punie par la loi pénale[1]. »

Cette responsabilité doit être considérée sous deux rapports : 1° sous le rapport subjectif, c'est-à-dire relativement à l'auteur du fait coupable commis ; 2° sous le rapport objectif, c'est-à-dire au point de vue de la gravité du préjudice éprouvé. Ainsi, personnalité dans la faute et réalité du dommage : voilà les deux termes nécessaires, indispensables pour pouvoir exercer l'action ; il faut qu'ils se trouvent réunis pour qu'il y ait responsabilité. Et d'abord il s'agit de savoir quand il y a personnalité : cette question n'est autre que celle de l'imputabilité des actes, c'est-à-dire du rapport moral qui existe entre le fait et l'agent. Le fait qui cause un dommage n'est, en effet, une faute qu'autant qu'il peut être imputé à celui qui en est l'auteur. On entend donc par faute tout fait contraire à la règle, c'est-à-dire au droit, et qui est imputable ; dès qu'il n'y a plus imputabilité, il n'y a plus faute, ni par conséquent responsabilité. Dans quels cas cette relation morale cesse-t-elle ? C'est ce que nous allons sommairement examiner.

[1] T. 3, § 443.

La folie et l'idiotisme sont des causes d'irresponsabilité. Il y aura bien dommage, mais celui qui l'aura causé, n'ayant pas conscience de ses actes, ne pourra être poursuivi, même sur ses biens. C'est là, ainsi que le dit Ulpien[1], un cas fortuit tout comme si une tuile, tombant d'un toit, causait la mort d'une personne. Cette solution est proclamée par presque tous les jurisconsultes qui, adoptant la doctrine de Pothier, déclarent que, pour être responsable d'un fait, il faut qu'il soit toujours accompagné ou précédé d'une faute, ou au moins soit d'une négligence, soit d'une imprudence (art. 1382-1383)[2]. Les mêmes principes doivent s'appliquer à l'enfant ayant agi sans discernement; quant à l'enfant ayant agi avec discernement, il encourra une responsabilité civile, modérée suivant les cas, comme il encourt, en vertu de l'art. 67, Code pénal, une responsabilité pénale. Le prodigue est soumis aussi au principe de l'art. 1382, les mesures prises à son égard se rapportant, pour ainsi dire, exclusivement à ses intérêts pécuniaires: cela résulte formellement des propres paroles de Tarrible, lors de la discussion du Code civil[3]. L'ivresse, quelque complète qu'elle puisse être, ne saurait faire obstacle à la réparation, parce que, lors même qu'elle est accidentelle, elle est une faute, *non culpa vini sed culpa bibentis.* Nous ne ferions même pas de distinction entre l'ivresse accidentelle et celle qui serait le résultat de moyens employés par des étrangers, car nous n'en pourrions pas moins dire avec

---

[1] *ff. Ad leg. Aq.*, liv. 9, tit. 2, l. 5, § 2.

[2] Pothier, *Obl.*, n° 118; MM. Aubry et Rau, t. 3, § 443; Proudhon, *Usufruit*, t. 3, n° 1525; Sourdat, n° 16.

[3] Locré, t. 13, p. 60.

Pothier : c'est sa faute de s'être mis volontairement en cet état, et avec le droit romain : « *ebrius punitur non propter delictum sed propter ebrietatem*[1]. » La coaction de volonté de l'homme sous l'empire d'une contrainte qui le force à agir et à porter préjudice à autrui, est aussi une cause de non-imputabilité. La contrainte physique qui consiste en ce que, « malgré la résistance d'une personne, ses membres sont employés à faire ou à souffrir quelque chose[2], » est évidemment une cause d'excuse, puisque la personne violentée n'est qu'un instrument dans la main de celui qui la violente. Mais en sera-t-il de même de la contrainte morale, c'est-à-dire de cette nécessité impérieuse qui, provenant de circonstances extrêmes dans lesquelles l'homme se trouve, peut le déterminer à causer un préjudice à autrui ? La solution de cette question dépendra en grande partie des faits ; aussi donnerons-nous à cet égard aux tribunaux un pouvoir discrétionnaire. Enfin, la défense de soi-même et d'autrui ne peut faire naître une action en responsabilité, seulement il faut qu'elle soit nécessaire, en ce sens qu'on ne puisse recourir à une force étrangère quelconque pour repousser la violence ; qu'elle soit légitime, c'est-à-dire proportionnée à l'attaque et motivée par la nécessité.

Ainsi, en résumé, lorsque l'homme n'a pas sa raison pour le guider dans son action, lorsque sa volonté est entièrement anéantie par une cause supérieure qu'on ne peut lui reprocher comme une faute, lorsque le dommage qu'il cause, au lieu d'être le produit de la délibération, n'est que le résultat de la nature brute et

---

[1] Marcadé, t. 5, p. 265 ; Merlin, *Rép.*, *Excuse*, nos 3 et 4.

[2] Puffendorf, *Droit de la nat. et des gens*. t. 1, p. 83.

inintelligente, le droit positif, d'accord avec la morale, refuse toute réparation.

Une question qui se lie à notre sujet et qui a été résolue en sens différent, est celle de savoir si l'amnistie éteint l'action privée comme l'action publique. Nous croyons que l'amnistie peut bien couvrir du voile de l'oubli les délits commis, mais qu'elle ne peut pas faire comme s'ils n'avaient pas été; qu'elle ne peut pas, par exemple, réparer le dommage causé. Que la société pardonne, rien de mieux; mais qu'elle respecte l'action privée, sans quoi elle sacrifierait aux auteurs des délits les personnes qui ont souffert de ces mêmes délits, les victimes seules seraient punies; ce serait une étrange justice. Ce système n'a pas d'ailleurs été seulement admis par les auteurs modernes [1], il l'était déjà par les auteurs anciens. Rousseau de Lacombe [2] s'exprimait ainsi : « Les lettres d'abolition, rémission ou pardon, ne tournent point à l'intérêt de la partie civile, ni d'aucune autre; c'est pourquoi ces lettres portent : *satisfaction préalablement faite à la partie civile si fait n'a été.* » Toutefois le législateur a dans certains cas ordonné que l'action civile serait éteinte par l'amnistie comme l'action publique, car la loi seule peut aller jusqu'à entreprendre sur les droits acquis à des tiers; mais, en principe, lorsqu'elle est muette sur ce point, on doit toujours décider que la responsabilité civile survit [3]. Inutile de dire que les principes applicables à l'amnistie le sont *a*

[1] MM. Mangin, *Act. publ.*, n° 446; Rauter, *Dr. crim.*, n° 868; Dalloz, *Rép.*, *Amnistie*, n° 138; Faustin Hélie, *Inst. crim.*, t. 3, p. 772; Sourdat, n° 20.
[2] *Mat. crim.*, 3e part., ch. 14, n°s 10-24.
[3] Cass. rej., 19 mai 1848, S., 513; 9 fév. 1849, S., 240.

fortiori à la grâce : aussi a-t-il été décidé que la grâce accordée à un condamné n'entraîne pas la remise des frais de justice criminelle mis à sa charge par l'arrêt de condamnation[1].

Il n'existe de responsabilité, avons-nous dit, que lorsqu'à côté de la personnalité de l'acte il y a préjudice causé : d'où l'action en responsabilité civile, personnelle et mobilière, tendant à une réparation par des dommages-intérêts arbitrés suivant les cas. A la partie lésée seule appartient cette action, qui peut être exercée soit devant les tribunaux criminels, soit devant les tribunaux civils : tel est le principe fondamental posé par les art. 1er et 63 du Code d'instruction criminelle. Du principe qu'à la partie lésée est seule réservée l'action, il résulte : que le ministère public, sauf quelques exceptions, n'a pas qualité pour l'intenter ; que les tribunaux ne pourraient adjuger de dommages-intérêts sans demande des parties qui ont souffert du délit.

Il reste à examiner le caractère de cette action quant à la réalité du dommage ; toute espèce de préjudice peut-il donner lieu à l'action en responsabilité civile ? Évidemment, non : et le juge doit ici montrer une grande circonspection, car c'est un adversaire de plus qu'il donne à l'accusé et un adversaire ardent, qui a pour mobile le plus puissant de tous les intérêts, l'intérêt personnel. « Il faut, ainsi que le dit Merlin[2], pour être admis à rendre plainte, avoir un intérêt direct et un droit formé de constater le délit quand il existe, et d'en poursuivre la réparation contre le délinquant. » Le droit peut être personnel ou réel.

[1] Nancy, 21 nov. 1845, S., 46, 2, 417.
[2] Merlin, *Quest.*, *Quest. d'État*, § 1.

L'intérêt doit être direct, mais il peut reposer sur un dommage moral comme sur un dommage matériel : la mort d'un mari, d'un père ou d'un enfant suffit bien certainement pour que l'action soit fondée; car, comme le dit M. Rauter; « la veuve, le fils, la mère, ont droit à des dommages-intérêts par ce seul tort qu'ils ont souffert dans leur relation sociale. » Ils plaident la cause de la douleur, *causam agunt doloris*, suivant la belle expression de la loi romaine. A côté de cet intérêt direct de la personne qui intente l'action, doit se trouver le préjudice, qui, lui aussi, doit être direct, c'est-à-dire prendre sa source dans le délit commis. Ainsi, un individu est poursuivi : il est reconnu innocent; pourra-t-il se porter partie civile contre le véritable coupable qui a été découvert postérieurement? Nous ne le croyons pas; le fait de l'incarcération de l'innocent ne dépend pas du coupable : il dépend des juges instructeurs; si la responsabilité devait tomber sur quelqu'un, ce devrait être sur la société, et certes ce serait justice; c'est la société qui s'est trompée, c'est elle qui a injustement détenu pendant de longs mois un malheureux que les apparences seules accablaient : ce devrait être aussi à elle à payer ses erreurs. C'est là d'ailleurs un principe sage et juste qu'on appliquait il y a longtemps et qu'on applique encore aujourd'hui. L'*Urphède*, en Lorraine, n'était autre chose que la renonciation à la réparation due à l'innocent détenu [1]. Les législations

---

[1] *Urpheda*, germanice, *Urfelit*, Juramentum quod ex carcere dimissus præstat de non uliscendo (Ducange). Il ressort de textes formels qu'en Lorraine, le prévenu indûment poursuivi avait droit, en principe, de faire *« poursuycte judiciaire, actions, querimonies, querelles en jugement »* contre le duc, à raison *« du procès contre lui ensuivy, de la prinse de sa personne, et de ses biens, et de l'empris-*

anglaise et napolitaine accordent une indemnité à l'accusé reconnu innocent. Le jury du canton de Vaud a rendu récemment un arrêt qui adjuge des dommages-intérêts pour le même cas. Cet état de choses est rationnel et prouve que la justice a à cœur de s'appliquer à elle-même les principes qu'elle applique aux autres.

Nous trouvons dans M. Sourdat[1] une application qui ne nous paraît pas juste du principe posé ci-dessus : il prétend qu'en cas d'incendie par malveillance, si, pour préserver d'autres maisons, on est forcé d'abattre un mur d'une maison voisine, et si cette maison ne fait pas corps avec l'édifice incendié, l'incendiaire ne devra pas de dommages-intérêts pour le mur abattu. C'est évidemment restreindre par trop le principe; il y a certes là dommage direct, en ce sens que l'auteur de l'incendie devait prévoir les suites de son crime, et que les dégradations et démolitions avaient pour cause l'incendie, puisqu'elles avaient été faites pour éteindre le feu, pour l'empêcher de se propager.

Le préjudice doit non-seulement être direct, mais encore actuel : un dommage possible ne servirait pas de base suffisante pour intenter l'action.

Il faut enfin que le délit blesse un droit acquis : c'est là un principe qui est assez délicat, et il est difficile parfois de marquer la limite de son application. Aussi, la Cour de cassation[2] nous paraît s'être trompée lorsqu'elle a décidé que la chambre syndicale des courtiers de

---

sonnement préventif, » subi sous une inculpation mal fondée (*Journal de la Société d'archéologie : Études sur la législation lorraine*, par M. Louis Lallement).

[1] N° 44.

[2] Rej., 29 août 1834; D. P. 413.

commerce ne pouvait, en cette qualité (c'est-à-dire comme représentant des intérêts généraux de la communauté des courtiers), être lésée, parce qu'un de ses membres aurait enfreint les règles de sa profession. L'action, à notre avis, était recevable, car on aurait accordé, tout à la fois, protection à la société et à une profession dont l'exercice honorable intéresse le commerce, que la loi soumet à des conditions légales d'existence : une concurrence illégale, déloyale, porte atteinte aussi bien à l'intérêt privé qu'à l'ordre public; car les faits reprochés avaient pour but de concentrer les affaires entre les mains d'hommes improbes, faisaient baisser le prix des charges, et aliénaient la confiance et la faveur du commerce, lequel trouvait dans les courtiers des auxiliaires avides au lieu d'auxiliaires désintéressés. Quant à la difficulté d'arbitrer le montant du dommage, elle ne suffit évidemment pas pour rendre l'action non recevable. Il a été jugé, et cette affaire a une grande analogie avec la précédente, que les pharmaciens peuvent intenter une action en responsabilité civile contre ceux qui exercent illégalement la médecine, et qu'ils peuvent exercer cette action correctionnellement en se portant parties civiles[1]. Tels sont les caractères généraux de l'action en responsabilité relative aux délits réprimés par la loi pénale : il nous reste à parler de celle relative aux délits civils.

En cette matière, le fait doit être : 1° dommageable, 2° commis avec intention de nuire, 3° illicite; cette dernière condition seule exige quelques développements. Celui qui ne fait qu'user de son droit n'est pas responsable du dommage qu'il cause : c'est là une conséquence

[1] Cass., 1er sept. 1832; Cass., ch. réun., 13 juin 1833, S., 458.

de la nature des choses. « *Icelui n'attente qui n'use que de son droit.* » De même, on ne peut être responsable du dommage résultant d'un ordre de la loi ou de l'autorité légitime : la loi même quelquefois, sans commander un acte, l'autorise, et alors les mêmes principes sont applicables; par exemple, en cas de légitime défense, le mal causé ne peut engendrer une action pour le réparer; nous employons ici le mot légitime défense *stricto sensu*, car il est évident que, même en cas d'acquittement de la part du jury, il peut y avoir lieu à action en dommages-intérêts; mais alors ce sera l'excès du droit que l'on punira, et non le droit dont on a été obligé d'user pour se débarrasser de son adversaire. Les voies de fait sont même quelquefois licites : un voleur m'enlève ma montre, je cours après lui, j'use même de violence pour l'arrêter : il sera condamné pour le vol de ma montre, mais il ne pourra me faire condamner à une indemnité en raison de la voie de fait dont j'ai usé à son égard.

En principe général, dès que je jouis de ma chose, dès que j'exerce mon droit, je ne puis être passible d'une action en responsabilité, quand même je causerais un dommage à autrui, lorsque ce dommage ne sera que la conséquence directe de l'exercice de mon droit, *nemo damnum facit, nisi qui id fecit quod facere jus non habet;* ou encore *injuriam non facit qui jure suo utitur.* Ainsi, j'élève une digue pour empêcher la rivière d'inonder ma propriété : peu importe que le terrain voisin en souffre et que l'inondation soit plus forte de son côté, je cherche à éviter un mal et je l'évite dans la limite de mon droit : c'est là un cas fortuit, ce n'est en quelque sorte pas mon fait qui cause le dommage. Toutefois, nous croyons qu'il y aurait responsabilité, si celui qui, pouvant exercer son droit aussi commodément de plusieurs manières, choisissait justement celle qui peut nuire à autrui[1] : car, comme le dit Domat, si le changement fait par le propriétaire nuisait aux autres sans usage pour lui-même, ce serait malice que l'équité ne souffrirait pas. *Malitiis non est indulgendum*, disait la loi romaine ; cet adage doit encore s'appliquer aujourd'hui. Parce qu'un fait n'est pas assez immoral pour être puni par la loi pénale, il peut l'être assez pour entraîner la sanction pécuniaire de la loi civile. Sans vouloir appliquer aux choses humaines et surtout judiciaires les règles divines, l'art. 1382 s'est inspiré de cette parole de Dieu : *Ne fais pas à autrui ce que tu ne voudrais pas qu'on te fît.* Certains commentateurs du Code Napoléon reprochent à la rédaction de cet article ce mot : fait quelconque de l'homme qu'ils veulent remplacer par le mot *faute* : eh bien, nous ne savons si le législateur n'a pas eu en vue de permettre aux juges de punir des faits évidemment déshonnêtes et qui toutefois n'ont pas le caractère de la faute : ce serait là une troisième catégorie de délit : le délit moral. Le brocard : *tout ce qui n'est pas défendu par la loi est permis*, peut-être rigoureusement vrai au point de vue du droit criminel, mais, peut ne pas l'être au point de vue du droit civil : les dispositions pénales sont limitatives, elles ne sont jamais laissées à l'arbitraire et à la volonté du juge ; mais en matière civile, le pouvoir d'appréciation a libre carrière ; aussi croyons-nous qu'on peut trouver dans la disposition si large de l'art. 1382 les idées que nous venons de rappeler.

[1] Domat, *Lois etc.*, l. 2, tit. 8, sect. 3, n° 9 ; Proudhon, *Usufr.*, n° 1486 ; M. Sourdat, n° 439 ; Dalloz, *Rép.*, *Resp.*, n° 111.

Jusqu'alors nous ne nous sommes occupé dans l'é-
tude des principes généraux de notre matière que des
faits positifs ou de commission; que dire des faits né-
gatifs ou d'omission? Nous ne sommes pas assez parti-
san de la responsabilité quand même, pour prétendre
avec Toullier[1] que ne pas empêcher une action coupable est s'en rendre complice, et par cela même en-
courir la resposabilité civile; nous suivrons plus volon-
tiers des guides sûrs et judicieux qui se trompent rarement: l'illustre Domat[2] qui s'exprime ainsi : « Ceux
qui, pouvant empêcher un dommage que quelque devoir
les engageait de prévenir, y auront manqué, pourront
en être tenus suivant les circonstances; » MM. Aubry et
Rau[3] qui disent de même : « Une personne qui, par
quelque omission, a causé un dommage à autrui, n'en
est responsable qu'autant qu'une disposition de la loi lui
imposait l'obligation d'accomplir le fait omis. » Ainsi, en
principe, de même que le fait de commission n'oblige
que lorsqu'il résulte de l'accomplissement d'une chose
défendue par la loi, de même le fait d'omission n'oblige
que lorsqu'il résulte de l'abstention d'une chose ordonnée par la loi. Ce sont là d'ailleurs des cas qui se présenteront rarement, car ils dégénéreront presque toujours en délits atteints par la loi pénale. M. Sourdat[4],
cependant, cite un exemple bien caractérisé d'un fait
d'omission : si un père voit son fils, encore tout enfant,
allumer du feu près d'un bâtiment, et que, poussé par
la malveillance, il le laisse faire, il y aura, si l'incendie

[1] T. 11, n° 117.
[2] *Lois civ.*, l. 2, tit. 8, sect. 3, n° 8.
[3] T. 3, § 444.
[4] N° 442.

se déclare, délit d'omission. L'intention malfaisante fait dégénérer la faute, de quasi-délit qu'elle serait sans elle, en délit civil d'omission.

En matière de délits civils, le dommage doit être actuel, certain et direct; les développements donnés plus haut sur ce sujet sont applicables ici.

CHAPITRE II.

ÉTENDUE ET NATURE DE LA RESPONSABILITÉ.

Contrairement au droit ancien, les mots *réparations civiles* et *dommages-intérêts* ont aujourd'hui le même sens : ils·s'appliquent tous deux à l'indemnité pécuniaire à laquelle peut prétendre celui qui a éprouvé un préjudice, soit que ce préjudice repose sur un droit réel, soit qu'il repose sur un droit personnel. La réparation peut consister, soit dans la restitution au propriétaire des choses qui lui ont été frauduleusement soustraites, soit dans le paiement d'une indemnité équivalente au dommage causé : de ces deux sortes de réparations, l'une (les restitutions) n'est que l'application pure et simple du droit de propriété; l'autre (les dommages-intérêts) est l'application des principes de justice écrits dans les art. 1382 et 1383 du Code Napoléon.

L'art. 1382 définit la nature de la réparation; les art. 1146, 1150, 1151, 1153 définissent son étendue, non pas en ce sens qu'ils sont forcément applicables à la responsabilité civile, comme aux contrats, mais en ce sens qu'ils seront, la majeure partie du temps, une règle qui pourra être avouée par la justice et l'équité; en effet, n'y a-t-il pas grande analogie entre le dol commis dans l'exécution d'un contrat et la faute résultant d'un délit? Les principes applicables à l'un ne doivent-ils pas être *à fortiori* applicables à l'autre? Celui qui a commis un délit n'est certes pas préférable à celui qui a exécuté de mauvaise foi une obligation : il y a chez le premier perversité plus grande, qui varie, il est vrai, suivant les cas, mais qui devra faire varier de même le chiffre de l'indemnité; il y a aussi un événement imprévu qui vient souvent, comme un coup de tonnerre, renverser les combinaisons les mieux assurées. Il y a, chez le second, un tort grave, mais que la partie lésée a pu, a dû même prévoir; car, en définitive, la bonne foi commerciale ressemble trop souvent à la foi punique pour qu'on n'ait pas songé à ce qui pourrait arriver, pour qu'on n'ait pas pris les moyens de parer aux mauvaises éventualités. Il est vrai qu'il y a des délits où l'intention mauvaise est nulle, mais alors le préjudice est grand, et l'imprudence doit être aussi grandement punissable; quant aux contraventions, les enfreindre, c'est se mettre en connaissance de cause en opposition avec l'autorité, et quoiqu'il n'y ait pas, la plupart du temps, intention malfaisante, on peut considérer l'infraction comme une faute lourde assimilable au dol. Les art. 1146 et suiv. peuvent donc servir de base à l'étendue des réparations, et sans en faire une règle légale, c'est-à-dire nécessaire et invariable, nous croyons que le principe est juste en lui-même et pour la plupart des cas, sauf au juge à y déroger lorsque sa conscience le lui commandera, puisqu'il est en matière civile souverain arbitre du chiffre des dommages-intérêts.

De même que nous disions tout à l'heure que le dommage devait être actuel et certain, de même il doit être une suite directe et immédiate du délit, et non pas une conséquence seulement possible et probable; que si cette conséquence se réalise, on intente de nouveau une action : rien de mieux, mais on ne peut faire condamner quelqu'un à réparer un préjudice qui peut-être n'existera pas.

Comme suite directe et immédiate du délit, on doit comprendre les frais de la procédure; quand donc le prévenu et la partie civile peuvent-ils être tenus des frais? Le prévenu ne peut supporter les frais que lorsqu'il est condamné[1] : tel est le principe général que Carnot expose ainsi[2]. « Que ce soit par voie d'acquittement, d'absolution ou de renvoi que le prévenu ou l'accusé gagne sa cause, il ne peut être condamné au remboursement des frais avancés par le Trésor public, attendu que, de quelque manière que le jugement ait été prononcé, il en résulte que l'accusé ou le prévenu ne s'était pas rendu coupable d'un délit punissable, et que ce n'est que des délits punissables dont il peut être fait des poursuites en matière criminelle, correctionnelle ou de police. » Les dépens sont l'accessoire et la conséquence de la condamnation; par conséquent, en suivant la règle *accessorium sequitur principale*, on ne comprendrait pas comment ils pourraient être mis à la charge d'un prévenu ou d'un accusé contre lequel aucune peine n'aurait été prononcée.

La jurisprudence n'est pas ici de l'avis de la doctrine[3] : l'accusé acquitté ne peut pas être condamné aux dépens, mais l'accusé absous peut être condamné à tout ou partie des frais : tel est le système de la Cour

[1] Art. 162, 194. 368, C. Inst. crim., comb.
[2] T. 1, p. 64.
[3] Cass., 6 mars 1846, S., 809; 22 avril 1830, S., 303; 9 déc. 1830, D. P., 31, 1, 57; Rej., 21 août 1845, S., 720.

de cassation. La Cour de Caen[1], inaugurant un système moins sévère, décide que le prévenu relaxé des poursuites peut néanmoins en supporter les frais, lorsqu'elles sont motivées sur son imprudence ou sur sa négligence. Malgré cette jurisprudence contraire, nous n'en persistons pas moins à croire, que déclarer qu'un fait n'est pas puni par la loi pénale n'est rien autre chose que reconnaître implicitement qu'il n'aurait pas dû être poursuivi, que le prévenu ou l'accusé n'a pas dû succomber dans la poursuite, et que dès lors il a dû échapper à une condamnation aux dépens. La jurisprudence avait d'ailleurs été si loin dans la voie où elle s'était engagée, qu'elle avait décidé que le prévenu devait supporter les frais d'un appel *a minima* lorsqu'il n'avait pas été condamné en première instance, quand même la Cour maintiendrait le jugement. Il est vrai qu'elle est revenue sur ce point aux vrais principes, par un arrêt de la Cour de cassation, chambres réunies, en date du 22 novembre 1828.

D'après les articles cités plus haut, la partie civile, lorsqu'elle succombe, doit être aussi condamnée aux frais même envers la partie publique. Si une peine est infligée à l'accusé, quand même les conclusions à fins civiles n'auraient pas été admises, la partie civile n'est pas censée succomber, en ce sens que les moyens d'instruction ont servi au ministère public pour arriver à la découverte du délit : aussi ne devra-t-elle payer que les frais exclusivement faits dans son intérêt propre[2]. Si aucune peine n'a été prononcée, mais si les conclusions de la partie lésée ont été adjugées, cette dernière ne sera

---

[1] D. P., 1845, 4, 74.
[2] MM. Faustin Hélie, t. 1, p. 306; Sourdat, n° 122.

pas tenue des frais puisqu'elle aura obtenu gain de cause. Toutefois l'art. 157 du décret du 18 juin 1811 veut que ceux qui se seront constitués parties civiles, qu'ils succombent ou non, soient personnellement tenus des frais d'instruction, d'expédition et de signification des jugements, sauf leur recours contre les prévenus ou accusés condamnés, et contre les personnes civilement responsables. Cette disposition est aussi contraire que possible aux art. 162, 194 et 368 du Code d'instruction criminelle : mais ce décret, n'ayant pas été déclaré inconstitutionnel, doit être suivi. La loi de 1832 semble avoir changé cet état de choses et avoir abrogé l'art. 157; l'art. 368 porte en effet : «.... dans les affaires soumises au jury, la partie civile qui n'aura pas succombé ne sera jamais tenue des frais. Dans le cas où elle en aura consigné en exécution du décret du 18 juin 1811, ils lui seront restitués. » Ces dispositions de l'article sont-elles exclusives aux affaires criminelles ? Il est difficile de le croire, surtout après ces paroles de M. de Bastard, rapporteur de la loi : « Il avait été établi par la jurisprudence que la partie civile était tenue de payer ces frais à l'État si la partie condamnée n'était pas solvable, c'est cet état de choses qu'on a proposé de changer. On a demandé que *jamais* la partie civile qui n'a pas succombé ne fût tenue des frais. Il a fallu de plus régler quelque chose pour les frais avancés par la partie civile, et par une disposition spéciale il a été dit que les frais lui seraient restitués[1]. » Quand même ces paroles ne sembleraient pas assez claires, l'équité souverain, guide du législateur, n'est-elle pas là pour dire que ce qui est juste et rationnel en matière criminelle, doit aussi être juste et ra-

[2] *Moniteur* du 13 mars 1832.

tionnel en matière correctionnelle et de police. D'ailleurs la justice elle-même a son intérêt à ce qu'il en soit ainsi, sans quoi personne ne se porterait plus partie civile, et dès lors l'État devrait seul, dans tous les cas, supporter les frais [1].

Nous avons parlé de l'étendue de la réparation, disons maintenant quelques mots de sa nature. Tout dommage causé entraînant responsabilité se réduit en une indemnité pécuniaire : *nemo potest cogi ad factum*, disait le droit romain : l'art. 1142 du Code Napoléon n'est qu'une application de cet adage.

D'après les anciens auteurs [2], la réparation dérivant de l'action privée avait le caractère d'une peine, et, à ce titre, demeurait tellement attachée à la personne qu'aucun événement ne pouvait en arrêter l'application ; elle n'était ni saisissable, ni compensable. Il n'en est plus de même aujourd'hui ; pour qu'il y ait insaisissabilité, il faut une disposition légale formelle, qui n'existe pas ; pour qu'il y ait compensation, il faut une disposition prohibitive, et la réparation civile n'est nullement comprise dans les exceptions à la compensation. De même la transaction était autrefois formellement défendue entre le prévenu et l'offensé, on craignait la collusion des parties ; cette raison d'être n'existe plus aujourd'hui, puisque ce n'est plus la partie civile, mais le ministère public qui poursuit : aussi l'art. 2046 du Code Napoléon porte-t-il : « on peut transiger sur l'intérêt civil qui résulte d'un délit. » La partie lésée peut aussi céder son action : le cessionnaire l'exercera au nom du cédant

---

[1] MM. Sourdat, n° 123 ; Chauveau Hélie, t. I, p. 295 ; Mangin Hélie, *Inst. cr.*, n° 64.

[2] Muyart de Vouglans, p. 304 ; Denizart, *Rép. civ.*, n° 4 ; *Dict. des arrêts*, *Rép. civ.*, n° 2.

aux droits duquel il est : la cession n'influera nullement sur l'appréciation judiciaire. Enfin, d'après l'article 66 du Code d'instruction criminelle, le désistement est aussi admissible ; seulement le règlement des frais différera suivant les cas.

Les principes posés relativement à la responsabilité dérivant d'un délit atteint par la loi générale peuvent s'appliquer en grande partie aux délits civils. En matière de délits prévus par le Code pénal, il arrive quelquefois que le juge doit nécessairement prononcer des dommages-intérêts[1] ; en matière de délits civils, il n'y a pas de dispositions semblables, le juge est seul maître et arbitre.

La responsabilité civile a pour principe et pour base la réparation du préjudice causé à la partie lésée ; par conséquent, cette dernière ne doit agir que dans son intérêt, et ne pourrait, par exemple, demander aux tribunaux de prononcer des dommages-intérêts envers d'autres qu'elle ; l'art. 51 du Code pénal est formel sur ce point. Toutefois, si le jugement se bornait à indiquer que les dommages-intérêts demandés par la partie lésée sont destinés par elle à des œuvres de bienfaisance, sans ordonner, sans prescrire aucune application à une œuvre quelconque, il n'y aurait pas là violation de l'art. 51[2]. Du principe que nous venons d'énoncer, il résulte aussi que les dommages-intérêts ne peuvent être accordés d'office : aussi, il a été décidé que, lorsque dans une accusation de vol, il n'y a ni partie civile, ni conclusions à fins de dommages-intérêts, les juges ne peuvent attribuer à la partie lésée des objets ou valeurs

[2] Art. 114, 117, 119 du Cod. pén.
[1] Cass., Req., 25 avril 1854, D. P., 361.

autres que ceux qui proviennent du vol et qui ont été retrouvés en nature[1].

CHAPITRE III.

EXERCICE DE L'ACTION AU POINT DE VUE ACTIF ET PASSIF.

SECTION PREMIÈRE.

Quelles personnes peuvent former l'action en responsabilité?

Nous avons vu que toute personne lésée par un délit peut intenter une action en dommages-intérêts, pourvu que le préjudice soit la conséquence et le résultat direct du délit et qu'une lésion quelconque ait été constatée. Mais il n'est plus possible, dans notre droit actuel, de se porter partie civile à raison du dommage causé à des proches parents, à des personnes en tutelle, par exemple. On peut bien poursuivre la réparation d'un délit préjudiciable aux personnes qui sont en puissance, mais alors on agit uniquement au nom et comme exerçant les actions de la partie directement lésée[2]. L'action est essentiellement personnelle, et celui qui a été troublé ne peut poursuivre la réparation du fait dommageable qu'autant qu'il porte atteinte à sa personne ou à ses biens : en conséquence, un fils ne serait pas recevable à porter plainte d'un délit commis contre son père, si ce n'est en cas d'homicide sur sa personne.

L'offense sur laquelle on fonde son action peut être, dans certains cas, indirecte; ainsi, l'injure commise

[1] Crim. cass., 6 juin 1845, D. P., 286; Merlin, *Rép. civ.*, § 2, n° 1; Dalloz, *Resp.*, n° 67.

[2] MM. Faustin Hélie, t. 2, 318; Mangin, *Act. publ.*, n° 124.

envers une femme devient personnelle à son mari ; il peut en son nom en poursuivre la réparation, son honneur est engagé[1]. De même, le maître a droit de poursuivre la réparation des injures faites à ses domestiques, lorsqu'en réalité c'est à lui personnellement qu'elles s'adressent[2]. Dans le cas de délit dirigé contre un corps constitué, la poursuite a lieu au nom du corps tout entier, après une délibération prise en assemblée générale (art. 4, loi du 26 mai 1819).

L'action civile fondée sur un délit commis contre les biens du défunt passe aux héritiers et à tous les successeurs aux biens qui ont le droit de l'intenter suivant l'ordre de dévolution de ces mêmes biens : ces points ne font aucun doute. Mais si le délit, au lieu de porter atteinte aux biens du défunt, avait porté atteinte à sa personne, avait causé sa mort, par exemple, qu'arriverait-il ? Alors ce ne serait pas comme héritiers ou comme successeurs aux biens qu'agiraient la veuve ou les enfants, ce serait au nom de leur droit d'affection lésé, au nom de leurs intérêts propres, et l'argent, bien faible réparation du préjudice, ne se confondrait pas avec les biens du défunt : en effet, l'action n'a pas pris naissance dans la succession, mais bien dans la personne : ce que chacun a reçu, c'est à raison du préjudice souffert personnellement, c'est *jure sanguinis et ex vindicta*. La veuve, les enfants, et, à leur défaut, les autres héritiers auront droit d'intenter l'action : Les enfants naturels ne pouvaient autrefois se porter parties civiles qu'à défaut des enfants légitimes, mais aujourd'hui que le Code leur a donné une position bien supérieure

---

[1] MM. Aubry et Rau, t. 3, § 415 ; Rauter, t. 2, n° 686.
[2] M. Sourdat, n° 39 ; Dalloz, *Resp.*, n° 39.

à celle qu'ils occupaient dans l'ancien droit, ils devraient être admis en concurrence pour la portion qui leur advient dans la succession[1].

Lorsque le délit qui porte atteinte à la personne physique n'a pas entraîné le décès, et que la partie lésée n'a pas cherché à le poursuivre de son vivant, ses héritiers pourront-ils porter plainte après sa mort? Sous l'ancienne jurisprudence, inspirée en cela par la loi romaine, il fallait un tort direct et personnel pour que l'héritier pût poursuivre; mais, sous la législation actuelle, la réparation de tout délit se résolvant civilement en une indemnité pécuniaire, c'est un acte qui fait partie de la succession, si le défunt n'y a pas renoncé. Toutefois, pour les délits de diffamation, d'injures, d'offenses écrites ou verbales, il y a lieu de faire exception; ce sont là des délits où il s'agit moins de réparer un dommage que de venger un affront : celui qui est mort sans porter plainte est censé avoir pardonné l'offense[2].

Mais, si l'outrage contre la personne n'est commis qu'après son décès, en cas de diffamation contre sa mémoire, par exemple, les héritiers auront-ils action? Il faut distinguer. Si la diffamation est en apparence dirigée contre le défunt, mais qu'en réalité elle le soit contre l'héritier, ce dernier pourra poursuivre, sans quoi il serait facile d'éluder la loi; ce serait faire indirectement ce qu'on ne peut faire directement[3]. Un jugement du tribunal de la Seine du 19 avril 1826 a parfaitement saisi le point délicat de la question. L'ou-

---

[1] M. Sourdat, nos 54 et suiv.

[2] Arg. art. 5, loi du 26 mai 1819; M. Faustin Hélie, t. 2, p. 360.

[3] M. Chassan, *Délits de presse*, 343, 350.

trage à la mémoire des morts, disait-il, peut en certains cas constituer un outrage direct à la famille, et l'autoriser à demander réparation d'une injure personnelle : il faut alors prouver que l'intention d'outrager la famille et de lui porter préjudice résulte clairement des faits et des circonstances, des expressions et surtout de leur rapport naturel et direct aux membres de la famille. C'est dire que, lorsque l'intention n'existe pas, l'action est déniée aux héritiers. Ils ne sont pas, en effet, personnellement offensés : dès lors on suivra le principe fondamental en cette matière, c'est-à-dire que la diffamation ne pourra être poursuivie que sur la plainte de la personne diffamée; le défunt seul aurait le droit de se plaindre, or la tombe est muette, et, pour que ceux qui représentent le défunt eussent aussi ce droit, il faudrait une exception écrite dans la loi, et cette exception n'existe pas; nulle part on ne trouve de peine pour la diffamation contre les morts.

Mais, si les héritiers n'ont pas l'action civile et ne peuvent, par conséquent, poursuivre devant les tribunaux de répression les diffamateurs d'une mémoire vénérée, il ne s'ensuit pas que toute action en réparation leur soit refusée. Et c'est justice, car il y a dans toutes ces calomnies une insulte et un affront : le même sang qui coulait dans les veines du défunt coule dans celles de ses héritiers : il y a en quelque sorte solidarité dans l'honneur comme dans le déshonneur; quoi de plus cher que la mémoire d'un père? quoi de plus pénible qu'une insulte à ses cendres? Aussi l'héritier n'est-il pas sans défense et peut-il invoquer le principe tutélaire de l'art. 1382. Ce sera alors aux tribunaux civils à décider si les héritiers ont éprouvé un

préjudice réel par suite des attaques diffamatoires dirigées contre la mémoire du défunt.

Toutefois, il faut remarquer, comme dernière observation sur ce sujet, que, dans les procès en diffamation
contre la mémoire d'une personne décédée, les héritiers doivent apporter la preuve que les paroles ou les
écrits qu'ils incriminent sont diffamatoires : la vie
privée doit être murée, mais seulement jusqu'au seuil
de la mort : l'histoire ne peut demeurer muette en présence d'un tombeau ; elle peut fouiller dans la vie pas-
sée, et par l'exemple des morts instruire les vivants,
mais il faut avant tout que les faits qu'elle allègue soient
justes et vrais ; s'ils sont calomnieux ou diffamatoires,
elle devra réparer le préjudice causé[1].

Une affaire toute récente qui a ému le monde judiciaire par la haute importance de la question, par la
qualité des parties, par le talent des avocats, a été jugée
par le tribunal de la Seine, qui a consacré les principes
que nous venons de développer ; cette affaire n'était que
l'application à un point de fait d'une théorie qui nous
paraît certaine et évidente. Les héritiers du prince Eugène demandaient à la justice réparation du tort qui leur
avait été causé par la publication des Mémoires du ma-
réchal duc de Raguse, Mémoires qui contenaient des
paroles diffamatoires contre le prince Eugène.

La question de la validité de l'action n'avait pas
même été contestée par M⁰ Marie, avocat des défen-
deurs, puisque M⁰ Dufaure disait dans sa réplique :
«Grâce à Dieu, le bon sens de mon adversaire a fait
justice de cette objection que je ne craignais pas, mais
que je devais prévoir ; on n'a pu soutenir, en effet, que

[1] M. Sourdat. nᵒˢ 62 et suiv.

la loi qui nous permet de réclamer devant vous la moindre parcelle des biens matériels qui ont appartenu à nos pères, nous interdirait la revendication de l'héritage cent fois plus précieux d'une grande renommée et d'un nom respecté. » M. l'avocat impérial concluait dans le sens des demandeurs, et s'appuyait sur un arrêt de la Cour de Paris du 14 août 1839, qui dans une espèce analogue avait posé les vrais principes, en considérant l'honneur du père de famille comme une des parties les plus importantes du patrimoine de ses enfants, en déclarant qu'une fois l'action admise, le point décisif était de savoir si l'écrivain s'était renfermé dans les limites de l'historien, ou si, au contraire, il avait agi méchamment et dans l'intention de nuire. Le tribunal de la Seine, faisant droit aux conclusions du ministère public, rendait un jugement en date du 17 juillet 1857, qui portait : Attendu que l'honneur des pères étant le plus précieux patrimoine des familles, on ne saurait dénier aux enfants du prince Eugène le droit d'établir judiciairement la fausseté des accusations dont il a été l'objet.... Que les immunités de l'histoire ne peuvent autoriser l'écrivain à avancer témérairement des faits controuvés, en contradiction avec les témoignages les plus graves, et à baser sur ces assertions inexactes des jugements qui portent atteinte à la considération des personnes auxquelles ces faits sont imputés. » Nous ne pouvons mieux terminer sur ce point important qu'en citant ces belles paroles de M. Dupin, qui déclare l'action recevable, « sans quoi, dit-il, on pourrait dire du soldat, qu'il fut un lâche ; du général, qu'il fut un chef de brigand ; de l'ambassadeur, qu'il fut un missionnaire de troubles et de divisions ; du négociant, qu'il fut sans honneur et sans foi;.... et tout cela sans preuve aucune! que dis-je, malgré la preuve du contraire offerte et rapportée par la famille en deuil[1]. »

Lorsque l'action peut être intentée par les héritiers, les créanciers ont-ils aussi ce droit en vertu de l'art. 1166 du Code Napoléon? Nous ne le croyons pas, car, s'il y a des droits exclusivement attachés à la personne, ce sont bien ceux dont nous nous occupons en ce moment, les cinq premiers articles de la loi du 26 mai 1829 le démontrent suffisamment. D'ailleurs, comme le disent MM. Aubry et Rau[2] : « ces actions, nommées en droit romain *actiones vindictam spirantes*, ont moins pour objet une indemnité pécuniaire que la réparation d'un tort moral. » Quant aux autres actions naissant des délits contre les propriétés, les créanciers peuvent les exercer en vertu du principe posé par le Code Napoléon dans l'art. 1166.

SECTION II.

Contre quelles personnes l'action en responsabilité peut être poursuivie?

L'art. 2 du Code d'instruction criminelle s'exprime ainsi : « L'action civile pour la réparation du dommage peut être exercée contre le prévenu et ses représentants. » Celui qui a causé le dommage, a contracté par son fait l'obligation de le réparer, c'est-à-dire que c'est à ce moment que l'obligation a pris naissance, et que dès lors elle a grevé les biens qui ne passent aux héritiers qu'avec cette charge[3].

---

[1] *Observ. sur la législ. crim.*, p. 279.
[2] T. 2, p. 337, note 24, 2ᵉ édit.
[3] MM. Aubry et Rau, t. 3. § 445.

Notre ancienne jurisprudence n'avait pas tout d'abord adopté ce principe éminemment juste. L'action en dommages-intérêts n'était donnée contre l'héritier de celui qui avait commis le délit qu'autant qu'elle avait été introduite du vivant de son auteur[1]. Toutefois, Jousse et Muyart de Vouglans émettent déjà l'avis contraire, qui depuis lors prévalut: ce dernier, après avoir résumé la question, s'exprime ainsi : « On s'est conformé à l'équité canonique, qui veut que l'héritier qui a profité des biens du coupable soit tenu de décharger la conscience de ce dernier, lequel, en commettant le crime, est censé avoir contracté pour la réparation de l'intérêt civil, dont sa mort ne le décharge point, non plus que de ses autres dettes[2].» Quant à l'action publique, elle s'éteint par la mort du délinquant, qui seul était responsable au point de vue de la peine, sans quoi le châtiment serait infligé à un autre qu'au coupable. Ainsi l'amende, qui n'est cependant qu'une peine simplement pécuniaire, ne passe pas aux héritiers, car c'est comme réparation du préjudice moral causé à la société qu'elle est encourue, et, à ce titre, le délinquant seul devait la subir: en faire souffrir ses héritiers serait injuste.

Une question qui divise la doctrine et la jurisprudence est celle de savoir si l'amende en matières de douanes ou de contributions indirectes a le caractère d'une peine proprement dite. Les arrêts décident, à peu près unanimement, que l'amende doit être prononcée comme une indemnité accordée au Trésor public, et non comme une peine : tel n'est pas notre avis. Les

---

[1] Merlin, *Rép.*, *Délit*, § 9, nᵒ 5; Denizart, *Délit*, § 2, nᵒ 3.

[2] *Inst. au droit crim.*, p. 68.

art. 9, 11 et 464 du Code pénal nous semblent formels : aucune loi spéciale en matière de douanes ne fait exception, surtout depuis que l'art. 56 de la loi du 28 avril 1816 a été abrogé par l'art. 38 de la loi du 21 avril 1818. Aussi l'arrêt de la Cour de cassation du 28 messidor an VIII disait-il avec raison : « Attendu qu'en matières de contravention aux lois fiscales, comme dans toutes les autres matières, les amendes ont un caractère pénal ; qu'elles sont personnelles..... que, si l'administration a le droit de poursuivre cette peine, c'est qu'elle en a reçu l'attribution de la loi ; que cette attribution est fondée sur ce que les amendes font partie des intérêts fiscaux qui sont confiés à sa surveillance, mais que son action en cette partie n'en est pas moins soumise aux règles qui concernent les actions publiques. » D'ailleurs, ces amendes sont toujours poursuivies devant les tribunaux correctionnels, et, si elles n'étaient qu'une réparation, les tribunaux civils seraient compétents ; d'un autre côté, elles devraient disparaître totalement lorsqu'il n'y a pas eu de dommage réel, en cas de saisie des marchandises par exemple. On objecte l'art. 20 du tit. XIII de la loi du 22 août 1791, qui rend les propriétaires de marchandises civilement responsables du fait de leurs facteurs, agents, domestiques, en ce qui concerne les amendes, et on prétend que cet article établit une règle de responsabilité civile : on oublie que, si les agents rendent leurs maîtres responsables, c'est parce que ces derniers sont considérés comme complices de la fraude ; ce ne peut être que sur leurs ordres que la contrebande a eu lieu : on les punit en se fondant sur la présomption de leur consentement, de leur complicité, mais ce n'est pas là un cas de responsabilité, sans quoi elle ne pèserait pas seulement sur les propriétaires, mais encore sur les pères et mères, maîtres et commettants[1].

La même question se présente à l'égard des délits forestiers : elle doit être résolue de même. Toutefois, l'art. 6 du Code forestier, qui rend les gardes responsables des délits qui ont eu lieu dans leurs triages, et passibles des amendes et indemnités encourues par le délinquant lorsqu'ils n'ont pas dûment constaté les délits, n'a pas non plus un caractère pénal ; c'est en quelque sorte une réparation que le garde doit supporter pour sa négligence, c'est une application de l'art. 1383[2].

Si le jugement portant condamnation avait été prononcé contre le délinquant avant son décès, pourrait-on le faire exécuter en poursuivant les héritiers ? La question n'est soutenable qu'autant que le jugement aurait acquis force de chose jugée ; mais, en ce cas, les héritiers seraient-ils responsables ? Les travaux préparatoires du Code semblent confirmer cette opinion : Merlin établit la distinction entre le cas où l'amende est ou n'est pas prononcée avant la mort du délinquant ; dans le premier cas, il prétend que la condamnation doit avoir . . . effets. Cambacérès dit alors : « L'observation de M. Merlin lèvera les doutes et fixera le sens de cet article (art. 2), il sera bien entendu que le jugement qui prononce l'amende recevra son exécution, nonobs-

---

[1] Merlin, *Rép.*, *Délit*, t. 9 ; Tabac, n° 9 ; *Resp. civ. des délits* ; MM. Sourdat, n°ˢ 79 et suiv. ; Faustin Hélie et Chauveau, *Code pén.*, t. I, p. 251 ; Cass., 8 et 28 mess. an 8, S., 1, 1, 309. *Contra* Rauter, n° 170 ; Toullier, 11, 290 ; Rej., 17 déc. 1831, S., 32, 1, 272 ; Cass., 5 octobre 1832, S., 737 ; 21 août 1837, S., 798 ; 13 mars 1844, S., 366 ; Rej., 1ᵉʳ avril 1848, S., 320.

[2] MM. Meaume, *Comment. du Code for.*, art. 6 ; Mangin, Procès-verb., n° 134 ; Sourdat, n° 82.

tant la mort du condamné [1].» Toutefois, malgré cet argument qu'on peut d'ailleurs facilement réfuter, nous ne pouvons nous ranger à l'opinion de la majorité des auteurs, car il nous semble qu'en logique rigoureuse, on ne peut pas plus faire passer aux héritiers les peines pécuniaires que les peines corporelles [2].

La confiscation est aussi une peine, les art. 11 et 364 du Code pénal le prouvent; cependant des lois spéciales dérogent à cette règle. Ainsi, lorsqu'il s'agit de l'entrée de marchandises prohibées, d'ouvrages d'or et d'argent marqués de faux poinçons [3], la loi ordonne dans tous les cas la confiscation des objets saisis, qui peut dès lors être prononcée contre les héritiers du contrevenant même après le décès de celui-ci; c'est par mesure de police qu'est édictée la disposition exceptionnelle de ces lois.

Nous avons vu que les frais étaient l'accessoire de la condamnation; il est donc évident que, si le prévenu n'a pas été condamné par une décision irrévocable, les héritiers ne peuvent être tenus de supporter les frais. Mais si le jugement a acquis force de chose jugée: que décider? Nous croyons que les héritiers devront payer les frais, car il n'y a pas là peine proprement dite, la preuve en est dans l'obligation où est la partie civile qui succombe de payer les dépens; or, en ce cas, c'est une indemnité accordée au trésor pour les poursuites et les démarches faites par le ministère public dans une affaire en définitive mal fondée. Pourquoi

[1] Locré, 25, p. 118.

[2] Rauter, t. 1, p. 277. *Contra* Legraverend, 1, p. 67 et 68; Carnot, art. 2 C. d'instr. crim.; Mangin, n° 281; MM. Ortolan, *El. de dr. pén.*, n° 1673; Sourdat, n° 89; Chauveau et Faustin Hélie, 1, p. 256.

[3] Loi 22 août 1791, t 10, art. 23; loi 19 brumaire an VI.

ne pas dès lors accorder au fisc les mêmes droits que l'on accorde aux plaignants ou accusateurs privés? Cette question est d'ailleurs formellement résolue en ce sens par un avis du Conseil d'État, du 23 fructidor an XIII.

Lorsqu'il a été démontré que le prévenu avait été faussement accusé, ceux qui ont provoqué les poursuites peuvent être responsables envers lui; cette responsabilité n'est même pas toujours civile, elle est quelquefois pénale. Il suffit de lire les art. 373 du Code pénal et 358 du Code d'instruction criminelle pour connaître les principes en cette matière. Il est d'ailleurs de toute justice que celui qui a porté une fausse accusation soit responsable du préjudice causé à l'honneur et à la liberté du prévenu; il y a là aussi pour l'accusateur un frein qui l'empêchera d'intenter des accusations trop téméraires et de porter impunément le trouble au sein des familles. Lorsque l'accusation a été calomnieuse, une peine corporelle et une amende, outre les dommages-intérêts, peuvent être prononcées; elle est réputée telle, lorsqu'il y a eu fausseté dans les faits imputés et mauvaise foi de la part de la partie plaignante. Lorsque l'accusation a été téméraire, des dommages-intérêts seulement peuvent être demandés par la partie injustement mise en cause: il y a eu dommage éprouvé, il doit y avoir réparation. Ce principe était déjà consacré dans notre ancienne jurisprudence, par l'art. 7, tit. III de l'ordonnance de 1670. Enfin, lorsque des soupçons graves pesaient sur la personne désignée aux poursuites des magistrats, le plaignant ne pourra, en cas d'acquittement, être condamné à des dommages-intérêts; il a souffert un dommage et a pu se tromper sur des présomptions graves, sur des apparences accablantes, mais il n'y a pas faute de sa part[1].

CHAPITRE IV.

SOLIDARITÉ.

L'art. 55 du Code pénal déclare responsables solidairement des amendes, restitutions, frais et dommages-intérêts, tous les individus condamnés pour un même crime ou pour un même délit. C'est là un principe de droit et d'équité, d'après lequel la volonté commune de causer un préjudice entraîne l'obligation de le réparer solidairement.

Tout d'abord s'élève la question de savoir si le Code a compris ici le mot *délit* dans le sens générique de délit et contravention; à notre avis, les raisons de décider sont les mêmes dans les deux cas : la solidarité résulte de la nature et de la force des choses, la partie lésée ne pouvait la stipuler [2].

Des termes de l'art. 55 il ressort : que lorqu'un délit a été commis par plusieurs individus, il doit y avoir solidarité, qu'ainsi les différents degrés de culpabilité reconnus à leur égard, la différence des peines prononcées en conséquence, ne peuvent donner aux tribunaux le pouvoir de les en décharger[3]. De même, lorsque dans une poursuite il y a eu condamnation à des peines criminelles pour quelques accusés, à des peines correctionnelles pour quelques autres, la condamnation aux dommages-intérêts peut être solidairement prononcée contre tous, si tous ont pris part aux

[1] M. Sourdat, n° 100.
[2] Duranton, t. 11, n° 193; *contra* M. Sourdat, n° 145.
[3] Crim. cass., 2 mars 1814; Dalloz, *Resp.*, n° 72.

faits, et même contre les accusés acquittés[1]. Toutefois la solidarité ne peut avoir lieu qu'entre individus condamnés pour un même crime ou pour un même délit. Ainsi, lorsque plusieurs personnes sont comprises dans la même poursuite, si les unes sont convaincues sur un chef et ne le sont pas sur d'autres, la condamnation aux frais et aux dommages-intérêts ne peut être solidaire; ce serait, en effet, donner une extension trop grande à la loi que d'accorder des dommages-intérêts à un des plaignants, par exemple : lorsqu'aucun des accusés n'a été convaincu des faits relatifs à cette plainte[2]. Quant aux complices, ils doivent être mis sur le même rang que les auteurs principaux, les art. 63 et 55 combinés sont assez formels. M. Lesellyer[3] prétend cependant ne faire incomber sur le complice que sa part dans le crime dégagé de toutes les circonstances auxquelles il serait resté étranger; ce serait peut-être équitable, mais ce serait enfreindre le texte de la loi. Les personnes civilement responsables doivent-elles être comprises dans la disposition de l'art. 55 ? L'art. 156 du décret du 18 juin 1811 le décide formellement pour les frais, il doit en être aussi de même en matière de dommages-intérêts, les personnes civilement responsables devant être tenues de la même manière que les prévenus pour tout ce qui regarde les réparations civiles.

La solidarité existe de plein droit, d'où il résulte qu'il n'est point nécessaire qu'elle soit énoncée dans le

[1] Crim. cass., 3 décembre 1836; Dalloz, *Resp.*, n° 72, 2°.

[2] Cass., 30 janvier 1846; S., 271 ; 2 avr. 1846; S., 720; C. de Paris, 16 févr. 1843 , S., 129.

[3] *Tr. de dr. crim.*, t. 2, n° 681, 705.

jugement; aussi a-t-il été jugé, quant à la condamnation aux frais, que la solidarité établie par la loi tient au mode d'exécution, et qu'en conséquence il n'y a pas lieu d'annuler l'arrêt qui a omis de la prononcer[1]. Il ressort aussi des termes de l'art. 55, que celui qui a été condamné pour un délit, postérieurement à des complices que la justice avait déjà frappé, doit être déclaré solidaire avec ces derniers[2]. Quant à celui qui a été condamné le premier, sa position n'est plus la même; la condamnation est à son égard parfaite et définitive: décider autrement serait violer la règle *non bis in idem*[3].

La solidarité prononcée par la loi n'est qu'un moyen de garantie pour le Trésor ou pour la partie civile; mais elle n'empêchera pas qu'il n'y ait plus ou moins de culpabilité entre les accusés, et que dès lors il n'y ait pas la même proportion dans la fixation des dommages-intérêts et des dépens; c'est le même principe que pour les amendes, qui peuvent être différentes, selon l'appréciation des juges. Si cette répartition avait été oubliée par le tribunal, un des condamnés, qui seul a payé la totalité, pourrait-il exercer son recours contre les autres condamnés solidaires? La Cour de Lyon, par son arrêt du 5 janvier 1821, cité plus haut, a décidé cette question négativement, en se fondant sur ce qu'il serait contraire à la saine morale de baser sur une action honteuse, sur une cause illicite prohibée et criminelle, une obligation civile.

---

[1] Crim. cass., 26 août 1813, Dalloz, *Resp.*, n° 77.

[2] Lyon, 5 janvier 1821, S., 25, 2, 45.

[3] MM. Chauveau et Faustin Hélie, 1, 263; Lesellyer, t. 2, n° 680; Dalloz, *Resp.*, n° 78; Sourdat, n° 156.

Nous croyons que telle n'est pas la vérité : l'action n'est pas fondée sur un motif honteux, car c'est sur le paiement et non sur le délit qu'elle s'appuie; d'ailleurs, n'aggrave-t-on pas la peine en obligeant un condamné à la supporter seul; enfin, la solidarité en matière pénale n'est-elle pas régie par les mêmes principes qu'en matière civile? S'il en était autrement, il faudrait faire des règles distinctes entre les cas de solidarité légale résultant, soit d'un délit, soit d'un quasi-délit : ces règles n'existent pas, donc la solidarité produit des effets identiques, qu'elle soit légale ou qu'elle soit conventionnelle; c'est dire qu'au cas qui nous occupe, on devait appliquer le bénéfice de division, en vertu des art. 1213 et 1214 du Code civil. Quant à la proportion dans laquelle le recours doit s'exercer, elle doit être égale entre chaque accusé, la portion afférente à un insolvable restant à la charge de ceux qui sont en état de payer. Mais, si le juge fixe autrement la part de chacun, il faut se conformer à sa décision; elle pourra résulter du plus ou moins de culpabilité, de tous les motifs, enfin, qui pourront le déterminer.

Si la réparation civile d'un délit est poursuivie devant les tribunaux civils lorsque déjà il y a eu condamnation devant les tribunaux criminels, la solidarité peut, sans aucun doute, être prononcée par le juge. Mais peut-elle l'être de plein droit? c'est ce que nous ne croyons pas; la solidarité, en effet, en elle-même n'est pas une peine, mais l'art. 55 du Code pénal lui donne ce caractère, en ce sens que, par ce fait qu'elle est la conséquence nécessaire et fatale de toute condamnation, elle en aggrave la portée : or, le Code pénal seul peut prononcer des peines qui sont intimement liées aux peines principales. L'accusé acquitté qui poursuivrait ses dénonciateurs par voie criminelle, pour délit de calomnie par exemple, pourrait et devrait obtenir contre eux le bénéfice de l'art. 55. S'il n'y avait pas de leur part calomnie, mais seulement accusation téméraire, la solidarité serait alors facultative [1].

La solidarité ne peut être prononcée contre les héritiers du prévenu décédé; ils seront solidaires avec les coauteurs du crime, mais ne le seront pas entre eux : il faut suivre ici les principes du Code civil.

Il nous reste maintenant à étudier la question de savoir si, en matière de délits civils, il peut y avoir solidarité, comme en matière de délits punis par la loi pénale? Les raisons de décider sont les mêmes dans l'un et dans l'autre cas. En effet, celui qui a causé un préjudice doit le réparer en entier : s'il y a plusieurs coauteurs, cette obligation incombe évidemment à chacun; le fait qu'il y a plusieurs individus pour commettre un dommage ne doit pas préjudicier à la partie lésée, ce qui aurait lieu si l'on décidait que la solidarité n'existe pas; car alors l'insolvabilité de quelquesuns des condamnés retomberait tout entière sur la partie lésée, tandis que la complicité de deux délinquants insolvables rendrait bien meilleure la condition de celui qui est solvable : il y a là injustice dans l'un et dans l'autre résultat. A ceux qui objecteraient que l'art. 1202 du Code Napoléon veut que la solidarité résulte d'une disposition de la loi, on répondrait que cette disposition est celle de l'art. 1382, qui oblige tous ceux qui ont causé un dommage, à le réparer : tous doivent le réparer, qu'un d'entre eux ne puisse pas le faire, cette

---

[1] Carnot, art. 55, n° 4. MM. Lesellyer, t. 2, n° 707; Sourdat, n° 164.

obligation incombera sur les autres, puisque chaque délinquant est tenu de toute la faute, de tout le dommage. Ce qui prouve que tel était le vœu du législateur, c'est le projet de Code qui contenait, placé après le principe fondamental de la matière, un article ainsi conçu : Art. 16. « Si, d'une maison habitée par plusieurs personnes, il est jeté sur un passant de l'eau ou quelque chose qui cause un dommage, ceux qui habitent l'appartement d'où on l'a jeté sont tous solidairement responsables, à moins que celui qui a jeté ne soit connu, auquel cas il doit seul la réparation du dommage. » Cette disposition, qui eût empêché toute controverse, a été retranchée, non parce que les rédacteurs la croyaient injuste, mais parce qu'on trouva que ce n'était qu'un exemple, et que l'art. 1382 n'en avait pas besoin, qu'il était assez clair par lui-même. « L'énonciation du principe suffit, les exemples doivent être retranchés, » disait M. Miot; on fit droit à son observation [1]. Cette discussion prouve donc que le législateur, en retranchant l'article, n'a pas entendu retrancher la solidarité, puisqu'il la trouve comprise dans le principe de l'art. 1382. En résumé, comme le font remarquer MM. Aubry et Rau, il suffit que les auteurs du délit se trouvent réunis dans une action commune, et que l'on soit dans l'impossibilité de déterminer la part distincte dans laquelle les uns et les autres ont contribué au dommage. Cela suffirait au cas d'un simple quasi-délit, à plus forte raison au cas de délit. Ce système est d'ailleurs suivi presque unanimement par les auteurs et par la jurisprudence [2].

---

[1] Locré, t. 13, p. 15.

[2] Merlin, *Quest.*, *Solidar.*, § 2 ; MM. Aubry et Rau, t. 3, p. 445,

CHAPITRE V.

EXÉCUTION DÉS CONDAMNATIONS.

SECTION PREMIÈRE.

Sur les biens.

En principe, toutes les voies ordinaires d'exécution peuvent être prises pour assurer le paiement d'une condamnation à des dommages-intérêts : nous n'entrerons pas dans l'étude de ces moyens, c'est une question de procédure ; nous nous demanderons seulement, s'il n'y a pas des catégories de biens déclarés insaisissables par la loi qui perdent ce caractère.

Tous les biens du débiteur sont le gage commun de ses créanciers : c'est là une règle générale qui souffre de nombreuses exceptions : ainsi il est certaines catégories de biens qui sont soustraites à l'action des créanciers et déclarés inaliénables, inaccessibles et insaisissables. Nous ne voulons pas faire ici la longue nomenclature des biens que la loi frappe d'inaliénabilité, nous ne parlerons que de ceux qui en notre matière feront exception à ce principe.

Parlons d'abord des biens dotaux : la coutume de Normandie qui les déclarait inaliénables décidait, art. 544 : « que là où la femme serait poursuivie pour méfait ou médit, ou autre crime, la condamnation pourrait se prendre sur tous les biens à elle appartenant, de quelque qualité qu'ils fussent. » Notre Code ne contient pas de

note 6; Pigeau, *Proc. cir.*, l. 2, part. 3, tit. 5, ch. 1, art. 4; Rauter, *Dr. crim.*, t. 1, p. 181; Sourdat, nᵒˢ 473 et suiv., Cass. rej., 12 févr. 1818, S., 19, 1, 139; Rej., 8 nov. 1836, S., 801; 10 nov. 1849, S., 191; 29 janvier 1840, S., 369. *Contra* Duranton, t. 11, nᵒ 194; Nancy, 18 mai 1827, S., 229; Bordeaux, 16 févr. 1829, Sir., 300.

disposition semblable, mais il n'en est pas moins impossible que le législateur ait pensé autrement, et qu'il ait voulu créer pour la femme le privilége exorbitant de ne pouvoir être exécutée sur ses biens, en cas de réparation due pour crime ou délit. Le mineur [est restituable et la femme ne le serait pas! Le législateur n'a pu consacrer de telles anomalies, et, quelque favorable qu'il ait été au régime dotal, autoriser des actions coupables dont il assurerait l'impunité. Nous trouvons enfin le principe supérieur de l'art. 1382, émanation du droit naturel, tandis que le régime dotal n'est mis en action que par une volonté privée. Toutefois, cette solution étant admise, les droits du mari n'en devront pas moins rester intacts, c'est-à-dire que la femme ne pourra être poursuivie que sur la nue propriété des biens dotaux : c'est ce que démontre clairement par argument d'analogie l'art. 424 du Code Napoléon[1]. D'après l'art. 581, n° 3 du Code de procédure, peuvent être insaisissables : les sommes et objets disponibles déclarés tels par le testateur ou donateur. Les raisons que nous venons de développer peuvent s'appliquer ici ; il y a quelque chose de supérieur à la volonté de l'homme, c'est l'intérêt public : or, la réparation du dommage causé est éminemment une obligation d'intérêt général : décider autrement serait introduire dans les lois une interprétation que réprouvent le bon sens et la droite raison. Nous croyons qu'il faut décider de même pour les pensions et rentes dues par de simples particuliers, même celles pour aliments, quand elles ont pour cause

[1] MM. Aubry et Rau, t. 3, § 537, note 30, 2e édit.; Toullier, t. 14, n° 347; Benoît, *De la dot*, t. 2, p. 255; Sourdat, n° 172; Cass., 4 mars 1845, S., 513; Riom, 11 févr. 1845, S., 46, 2 69.

une libéralité. Quant aux aliments adjugés par justice, le juge décidera s'il y a lieu, ou non, de saisir : tout dépendra sur ce point des circonstances.

Relativement aux autres objets frappés d'insaisissabilité, on ne pourra faire exception même en notre matière, parce que c'est en vue de l'intérêt général plus ou moins fortement engagé que la loi les a déclarés tels : dès lors, il est juste de donner la priorité au vœu exprès du législateur.

L'art. 54 du Code pénal accorde à la partie privée, pour les dommages-intérêts, une préférence sur la créance du Trésor pour l'amende. La loi romaine décidait déjà ainsi lorsqu'elle disait : *In summâ sciendum est omnium fiscalium pœnarum petitionem creditoribus postponi*[1]. L'ancienne jurisprudence et le Code suivirent ce principe. On comprend, en effet, que les dommages-intérêts, réparation d'un préjudice effectif causé à la partie privée, passent, en cas d'insuffisance, avant l'amende que vient réclamer le Trésor à titre purement pénal. En matière de délits civils, l'art. 54 est évidemment inapplicable.

SECTION II.
Sur les personnes.

Suivant Denizart, la contrainte par corps avait lieu, dans l'ancien droit, pour l'amende et les intérêts civils, mais non pour les frais[2]. Actuellement l'art. 52 du Code pénal porte : « L'exécution des condamnations à l'amende, aux restitutions, aux dommages-intérêts et aux frais pourra être poursuivie par la voie de la con-

---

[1] L. 17, l. 37, *ff. De jure fisci.*
[2] Denizart, *Rép. civ.*, § 4, nº 9.

trainte par corps. » La loi du 17 avril 1832, dans ses
art. 33 à 41, règle la durée de cette contrainte, qui,
suspendue un moment par le décret du 9 mars 1848,
a été rétablie par la loi du 13 décembre de la même
année.

Les termes des art. 52, 467 et 469 du Code pénal sont
assez formels pour que l'on puisse décider que la contrainte par corps a lieu de plein droit[1]; elle ne devient
facultative que lorsque la poursuite est portée devant les
tribunaux civils (C. de proc., art. 126) : en ce dernier cas,
elle doit être prononcée formellement par le jugement
(C. Nap., art. 2067) : ainsi, si une cour d'assises, ac-
quittant un prévenu, le condamnait néanmoins à des
dommages-intérêts, la contrainte par corps n'aurait pas
lieu *ipso jure*, car il n'y aurait pas condamnation à une
peine, et d'ailleurs la cour fait en quelque sorte, en
statuant ainsi, l'office d'un tribunal civil[2]. La contrainte
par corps a lieu en notre matière contre toutes personnes, même contre les mineures, les femmes et les
septuagénaires, envers lesquels toutefois la loi se montre
moins rigoureuse[3]. La seule exception qui existe est
celle qui est motivée sur la parenté[4].

Quant à la durée de la contrainte par corps, elle
varie suivant les cas. Les art. 53 et 467 du Code pénal
fixaient la durée de l'emprisonnement, qui a été restreint par les lois du 17 avril 1832 et du 13 décembre
1848[5].

---

[1] MM. Chauveau Hélie, t. 1, p. 375; Troplong, *Cont. par corps*,
n° 616, 655; Sourdat, n°s 196; Aubry et Rau, t. 3, § 445.
[2] M. Sourdat, n° 196; Cass., 14 juin 1839, S., 40, 1, 147.
[3] Loi 13 déc. 1848, art. 9.
[4] Art 10 et 11, loi 13 déc. 1848.
[5] Art. 34, 35, 40. loi 17 avril 1832; art. 8 et 12, loi 13 déc 1848.

Les personnes civilement responsables ne sont pas contraignables par corps, puisqu'il faut une condamnation contre le coupable personnellement, les art. 51, 52, 53 le prouvent assez : les art. 33, etc., de la loi de 1832 ne parlent également que du condamné : d'ailleurs l'action exercée contre les personnes civilement responsables n'est qu'une action civile en dommages-intérêts ; si elle est soumise aux tribunaux de répression, c'est à raison de sa connexité avec l'action criminelle[1]. Ce que nous avons dit des personnes civilement responsables s'applique *à fortiori* aux héritiers de la partie condamnée.

Quant aux délits civils, c'est l'art. 126 du Code de procédure qui est réglementaire : il laisse aux tribunaux le pouvoir de prononcer la contrainte par corps, lorsque la somme des dommages-intérêts dépasse 300 fr. ; c'est là une disposition toute facultative : le caractère plus ou moins grave du fait dommageable, les sûretés plus ou moins grandes que peut présenter au créancier la fortune du débiteur, seront autant de circonstances qui pourront déterminer le juge à prononcer ou à refuser la contrainte. Les dépens ne peuvent être compris dans l'expression *dommages-intérêts;* ce serait étendre les dispositions restrictives de la loi, faire de tout procès une menace pour la liberté et un sujet d'inquiétude pour les plaideurs[2]. L'art. 126 est, comme toute règle générale, soumise à quelques exceptions : ainsi la contrainte par corps est obligatoire notamment en cas de

---

[1] MM. Aubry et Rau, t. 3, § 445, note 10; Troplong, *Cont. par corps*, n° 624.

[2] Merlin, *Cont. par corps*, n° 3; MM. Troplong, n° 115; Sourdat, n° 500; Cass., 30 déc. 1828, S., 29, 1, 156.

8.

stellionat (C. Nap., art. 2059) et de réintégrande (C. Nap., art. 2060)[1].

CHAPITRE VI.

COMPÉTENCE.

L'art. 3 du Code d'instruction criminelle porte : « L'action civile peut être poursuivie en même temps et devant les mêmes juges que l'action publique. Elle peut aussi l'être séparément : dans ce cas, l'exercice en est suspendu tant qu'il n'a pas été prononcé définitivement sur l'action publique intentée avant ou pendant, la poursuite de l'action civile. » En vertu de cet article la personne lésée est donc libre de choisir celle des deux voies qui lui conviendra le mieux : c'est un droit, c'est une faculté que le législateur lui confère ; la poursuite de la réparation du fait dommageable devant les tribunaux criminels est une infraction aux règles de la compétence, mais elle est motivée sur le peu d'intérêt qu'excite le coupable et sur le désir de faciliter l'action réparatrice des crimes.

Le Code contient deux exceptions à ce dernier principe : 1° En matière de banqueroute (C. de comm., art. 601), les actions civiles restent sous la compétence exclusive des tribunaux ordinaires : la loi a voulu maintenir dans une complète indépendance l'une de l'autre la procédure commerciale de la faillite et l'action de la justice répressive ; 2° en matière de délégation de serment (C. Nap., art. 1363) : l'adversaire n'est pas recevable à prouver la fausseté du serment déféré ou référé : s'il demandait des dommages-intérêts au criminel, ce serait enfreindre cette règle et faire indirectement ce

[1] Art. 212, 683, 712, 839 Code proc. civ.

qu'il ne peut faire directement. Le ministère public poursuivra la peine édictée par l'art. 366 du Code pénal, mais là s'arrêtera la réparation ; quant à la transaction civile, il y a chose jugée, et l'inviolabilité de la chose jugée est un des principes fondamentaux de notre droit [1].

En principe, l'action en responsabilité étant par sa nature une action civile, doit être portée devant les tribunaux civils : c'est la compétence de droit commun la plus rationnelle et la plus étendue. Aussi, si la partie lésée saisit un tribunal ordinaire d'une demande en dommages-intérêts à raison d'un fait qui a le caractère d'un délit, les juges pourront toujours retenir l'affaire ; si, au contraire, elle saisit régulièrement un tribunal de répression, celui-ci devra prononcer conjointement et sur l'action publique et sur l'action civile ; mais s'il est incompétent pour statuer sur le délit, il devra aussi se déclarer incompétent pour statuer sur les dommages-intérêts. Il faut bien comprendre cette règle fondamentale que les tribunaux de répression ne connaissent qu'accessoirement de l'action civile : par conséquent, ôtez le principal, c'est-à-dire l'action publique, et l'accessoire n'a plus de raison d'être. A cette règle il est fait une exception contenue dans les art. 358, 359 et 366 du Code d'instruction criminelle. En vertu de ces articles, les cours d'assises, si l'accusé est condamné, peuvent adjuger contre lui des dommages-intérêts à la partie civile ; s'il est absous ou acquitté, peuvent statuer sur les dommages-intérêts demandés, soit par lui contre la partie civile ou le dénonciateur, soit par la partie plaignante contre lui. Nous allons, pour suivre avec plus de méthode cette partie assez

[1] Toullier, t. 10, n° 387 ; M. Sourdat, n° 221.

compliquée de notre sujet, nous occuper de l'action civile portée : 1° devant les cours d'assises; 2° devant les tribunaux correctionnels; 3° devant les tribunaux de simple police ; 4° devant les tribunaux civils.

I. *De l'action civile portée devant les cours d'assises.* La cour d'assises a la plénitude de juridiction, non-seulement pour connaître des faits qualifiés crimes par la loi, mais aussi de tous les faits dont elle peut être saisie par la chambre des mises en accusation, ne fussent-ils que des délits correctionnels, des contraventions de police ou même des actions purement civiles. Juridiction supérieure et de droit commun, offrant la plus grande somme de garantie aux justiciables, elle doit, dès qu'elle a été régulièrement saisie, statuer sur tous les faits, sur toutes les demandes, sur tous les incidents qui peuvent naître devant elle. Ce principe posé, la partie lésée peut, soit porter plainte, soit se constituer partie civile. Il n'est pas même nécessaire qu'elle ait originairement dénoncé le fait qui lui cause préjudice pour être recevable à se porter partie civile : elle peut le faire en tout état de cause, jusqu'à la clôture des débats (C. d'inst. crim., art. 67). Lorsque le prévenu ou l'accusé est renvoyé de la plainte, il peut former contre son dénonciateur une demande en dommages-intérêts : ce droit est formellement reconnu par les art. 358 et 359 du Code d'instruction criminelle. Le dénonciateur, en vertu de ces articles, peut être condamné à payer à l'accusé une indemnité, même après l'acquittement de ce dernier, sans avoir été appelé au procès, s'il est présent à l'audience et s'il fournit ses défenses, sur les conclusions de l'accusé[1]. Il ne suffit

---

[1] Crim. rej., 23 juillet 1813, Dalloz, *Dénonc. calom.*, n° 139.

pas toutefois que la dénonciation soit mal fondée pour qu'il y ait lieu à des dommages-intérêts, il faut encore qu'elle ait été faite de mauvaise foi, témérairement ou avec légèreté. Dans le cas où l'accusé n'aurait connu son dénonciateur que depuis le jugement, il devrait intenter son action devant les tribunaux civils[1]. Lorsque la partie lésée a opté pour la voie criminelle, elle peut l'abandonner pour prendre ensuite la voie civile, elle peut aussi faire le contraire : telle est du moins la règle générale qui souffre quelques exceptions[2]. La partie civile ne peut saisir la Cour de cassation sur un arrêt de cour d'assises que dans le cas de l'art. 412.

II. *De l'action civile portée devant les tribunaux correctionnels.* La compétence des tribunaux correctionnels a été clairement circonscrite à la connaissance des délits. Ils ne connaissent des contraventions que dans deux cas limités : le premier en matière de contraventions forestières poursuivies à la requête de l'administration (Code for., art. 171); le second, dans le cas de l'art. 192 du Code d'instruction criminelle.

Nous avons déjà dit que les juges correctionnels ne peuvent prononcer de dommages-intérêts qu'accessoirement à un délit, qu'il faut que l'action publique soit nécessairement jointe à l'action civile : comment, avec ces principes, expliquer l'art. 191 du Code d'instruction criminelle? La loi, en donnant le droit aux tribunaux correctionnels de prononcer des dommages-inté-

---

[1] M. Sourdat, n° 250.

[2] Merlin, *Quest.*, *Option*, § 1, n° 4; MM. Rauter, t. 2, n° 665; Faustin Hélie, t. 2, p. 474. Cass., 21 nov. 1825, D. P., 26, 1, 50; 11 févr. 1832, D. P., 186; Rej., 17 déc. 1839, S., 40, 1, 376; Cass., 14 juin 1846, S., 710, 7 mai 1852, D. P., 53, 1, 70.

rêts dans l'hypothèse où le fait ne présente ni délit ni contravention, voudrait-elle que les juges fussent saisis d'une manière indirecte d'une action civile? Nous ne le croyons pas : ce serait contraire au principe général sur la compétence *ratione materiæ*. Cette disposition, dérogeant à la règle de droit commun, n'est applicable qu'au profit du prévenu pour l'indemniser du préjudice que peut lui avoir causé une poursuite injuste et mal fondée. Mais à l'égard des dommages-intérêts réclamés par les parties plaignantes ou poursuivantes, la règle reprend son empire; dès lors le tribunal, reconnaissant que le fait ne constitue ni crime ni délit, est incompétent pour statuer sur les réparations civiles que la partie privée pouvait prétendre lui être dues : c'est là une action qui ne peut être portée que devant la juridiction civile, autrement rien ne serait plus aisé que de saisir le tribunal correctionnel de toute action réellement civile, pour laquelle on redouterait les sévérités des règles du Code Napoléon. Ce qui suffirait pour dissiper tous les doutes que pourrait faire naître la rédaction trop absolue de l'art. 191, serait la disposition finale de l'art. 212 : le pronom possessif *ses* ne se rapporte évidemment qu'au prévenu seul et ne peut dès lors s'appliquer qu'à lui[1]. La partie civile peut appeler, mais seulement quant à ses intérêts civils. L'appel serait recevable même en cas d'acquittement du prévenu; ce ne serait pas violer la règle posée plus haut, car les nouveaux juges devront constater derechef et le délit et la culpabilité du prévenu, auquel toutefois le bénéfice de l'acquittement restera acquis, s'il n'y a pas, en temps utile, appel du ministère public[2].

[1] M. Sourdat, nº 258.
[2] Rej., 23 sept. 1837, S., 39, 1, 803; 15 juin 1844, S., 45, 1, 73.

III. *De l'action civile portée devant les tribunaux de simple police.* La compétence propre des tribunaux de simple police consiste dans le jugement des contraventions : par conséquent, ce n'est qu'en ce cas que l'action civile peut être portée devant eux. C'est la nature du fait et la peine qui en est la suite qui déterminent la compétence des tribunaux de police. En règle générale, peu importe la quotité des dommages-intérêts réclamés, fussent-ils supérieurs à 200 fr., ils peuvent les prononcer si la condamnation est accessoire d'une peine de leur compétence ; il n'en serait pas de même s'ils étaient saisis au civil d'une demande en dommages-intérêts de plus de 200 fr. : ils devraient alors se déclarer incompétents. L'appel n'est recevable en matière de simple police que lorsqu'il y a condamnation, soit à l'emprisonnement, soit à plus de 5 fr. pour restitutions, amendes, etc. Les art. 408 et 413 du Code d'instruction criminelle déterminent les causes qui peuvent donner lieu au pourvoi en cassation.

IV. *De l'action portée devant les tribunaux civils.* Les tribunaux civils sont seuls compétents lorsque l'action publique est éteinte. En cas de condamnation par contumace, si l'accusé se représente ou est arrêté dans les délais légaux, le jugement sera anéanti de plein droit et les réparations pécuniaires devront suivre le même sort : si l'accusé meurt dans les vingt ans sans être représenté, la condamnation est parfaite, et quoique la peine n'ait pas pu s'exécuter, la réparation pécuniaire s'exécutera[1]. En cas de pourvoi en cassation, si l'accusé meurt dans le délai, il faut distinguer : le pourvoi est-il rejeté ? la condamnation aux dommages-intérêts a

[1] M. Sourdat, n° 282.

son plein et entier effet; est-il admis? ce sera à la partie lésée à porter son action devant les tribunaux civils.

Comme nous l'avons déjà dit, en vertu de l'art. 3 du Code d'instruction criminelle, la personne lésée peut, si ce parti lui semble préférable, saisir les tribunaux civils de l'action en réparation d'un délit: seulement dans ce cas, si l'action publique vient à être intentée avant ou pendant la poursuite de l'action privée, l'exercice de celle-ci doit être suspendu jusqu'à ce qu'il ait été définitivement statué sur celle-là. C'est ce qu'exprime cet adage: *le criminel tient le civil en état.* Le motif de cette disposition est de faire réfléchir sur le procès civil les lumières qui auront jailli de l'action criminelle; la justice répressive a en son pouvoir plus de moyens de parvenir à la vérité que les ressources restreintes d'une partie privée. Mais il faut que l'action publique ait été réellement intentée, pour que le juge civil puisse et doive surseoir au jugement de l'action portée devant lui: il ne suffit pas que les faits servant de base à cette action aient le caractère de délit, ni même que la partie lésée ait rendu plainte postérieurement à l'instance, car une plainte ne constitue pas l'exercice de l'action publique, et ce n'est que dans le cas du concours de cette dernière action avec l'instance civile que l'art. 3 est applicable. La nécessité du sursis existe « tant qu'il n'a pas été prononcé définitivement sur l'action publique. » Cette règle doit être entendue sainement: il suffit que la juridiction criminelle soit dessaisie quant à présent pour que l'instance civile puisse reprendre son cours; ainsi, si les chambres d'instruction décidaient qu'il n'y avait pas lieu à suivre faute de charges, bien que ces décisions ne soient pas définitives, en ce sens que, si de nouveaux indices sont découverts, on peut reprendre les poursuites, il n'en faudrait pas moins conclure qu'elles sont entièrement terminées eu égard à l'état actuel de la procédure, et dès lors le tribunal civil pourrait prononcer. Si, au mépris de la règle *electa una via...*, la partie lésée qui a pris d'abord la voie civile, recourt ensuite à la voie criminelle, en se portant partie civile devant le juge d'instruction, et veut faire surseoir en vertu de l'art. 3, le tribunal qui est saisi doit prononcer le sursis, car ce n'est pas à lui, mais bien à la juridiction répressive qu'il appartient de statuer s'il y a fin de non recevoir, résultant contre la poursuite criminelle de ce que la partie lésée avait d'abord opté pour la voie civile[1]. L'action civile est aussi suspendue lorsqu'elle s'exerce séparément de l'action publique, et qu'elle résulte d'un fait qui se rattache aux fonctions d'un agent du gouvernement, jusqu'à ce que l'autorisation d'agir contre cet agent ait été obtenue du Conseil d'État[2].

Quant à l'action en responsabilité à raison des délits civils, étant, de sa nature, purement personnelle, civile et mobilière, elle doit, en règle générale, être portée devant les tribunaux ordinaires; pour qu'ils soient incompétents, il faut des dispositions expresses de la loi qui attribuent la cause aux juges d'exception. Il s'est élevé à ce sujet une question vivement controversée, qui est celle de savoir si les tribunaux de première instance connaissent valablement des actions dévolues aux juges de paix; par exemple: quand elles sont portées devant

---

[1] MM. Faustin Hélie, t. 3, p. 495; Mangin, n° 163; Cass., 15 juin 1829, *J. du Pal.*, t. 22, p. 113.

[2] Art. 75, loi 22 frim. an 8.

eux et que les parties ne déclinent pas leur compétence. Nous croyons avec la jurisprudence[1] que la solution doit être affirmative. Toutefois, il n'en serait pas ainsi en ce qui concerne les matières dévolues aux tribunaux administratifs, le principe de la séparation des pouvoirs, qui est d'ordre public, s'y oppose.

Les tribunaux de commerce n'ont pas reçu d'attribution générale pour connaître des actions en responsabilité résultant des délits civils, mais ils peuvent statuer incidemment sur ces actions en raison de leur connexité avec des contestations d'un autre genre portées devant eux. Ils sont encore compétents lorsqu'il s'agit : 1° d'actions en dommages-intérêts fondées sur des engagements dérivant de contrats ou de quasi-contrats relatifs à des négociations commerciales[2]; 2° d'actions reconventionnelles en dommages-intérêts, fondées sur la demande principale (C. de com., art. 639).

Enfin, les tribunaux administratifs connaissent de certaines actions en indemnité : mais il faut qu'une loi spéciale les place dans leurs attributions; d'ailleurs, nous traiterons de cette dernière compétence en étudiant la compétence en matière de quasi-délits.

CHAPITRE VII.

DES DIVERS MODES D'EXERCER L'ACTION CIVILE.

L'action en dommages-intérêts portée devant les tribunaux civils est soumise aux règles ordinaires du Code

[1] Dall., *Comp. civ.*, nos 215 et suiv. ; Merlin, *Rép. trib. de comm.*, n° 5; Nancy, 30 juin et 5 juillet 1837, D. P., 38, 2, 218 et 39, 2, 28; Douai, 10 juillet 1837, D. P., 39, 2, 29, Cass., 10 juillet 1816; Dall., *Compét.*, nos 216 et suiv. *Contra* M. Sourdat, n° 538.

[2] M. Sourdat, nos 580 et suiv.

de procédure. On peut se porter partie civile soit par la plainte, soit par actes subséquents, en vertu des art. 63 et 66 du Code d'instruction criminelle, soit enfin par la citation donnée directement au prévenu devant les tribunaux de police simple et correctionnelle.

Legraverend définit la plainte : « l'acte par lequel on appelle l'attention de la justice sur un fait rangé par la loi dans la classe des crimes, des délits ou des contraventions, et dont on a éprouvé quelque dommage en sa personne, en ses biens ou en son honneur[1]. » On voit facilement par cette définition la différence qui existe entre la plainte et la dénonciation : pour la première, il faut avoir été lésé, on est en outre recevable à se porter partie civile; pour la seconde, il suffit de connaître le crime sans avoir souffert personnellement. Tout individu est capable d'être dénonciateur ou plaignant, mais ceux-là seuls qui ont capacité d'ester en justice peuvent se porter parties civiles. Toutefois, lorsque la femme mariée est défenderesse, l'autorisation du mari n'est plus nécessaire (Cod. Nap., art. 216), quand même la partie lésée demanderait, outre la punition du délit, une réparation pécuniaire. Par suite du même principe, il a été décidé par la Cour de cassation[2] : que le mineur peut, en cas d'acquittement, être condamné par la Cour d'assises à des dommages-intérêts envers la partie civile, sans qu'il soit besoin que celle-ci appelle le tuteur pour représenter et défendre le mineur. La loi, en effet, ne porte aucune distinction, soit quant aux formes de la poursuite, soit quant aux pouvoirs du juge entre l'accusé mineur ou majeur; d'ailleurs, elle a accordé au

---

[1] *Lég. crim.*, t. 1, p. 168.
[2] Cass., 15 janvier 1846, S., 489; Rej. 9 mai 1846, S. 444.

plaignant le droit de se porter partie civile jusqu'à la clôture des débats : comment concilier cette faculté avec l'obligation de faire intervenir le tuteur dans ce moment suprême? On doit admettre que le législateur a trouvé dans la formalité des procédures criminelles une garantie suffisante pour préserver les droits légitimes de tous les citoyens, sans distinction d'âge ou de condition. Les étrangers qui veulent se porter parties civiles doivent se soumettre aux conditions exigées par l'art. 16 du Code Napoléon.

Toute personne qui se prétend lésée par un crime ou un délit peut porter plainte et, sauf les restrictions précédentes, se constituer partie civile devant le procureur général, le procureur impérial, le juge d'instruction et tous les officiers de police judiciaire auxiliaires du procureur impérial. La compétence territoriale des magistrats est déterminée par l'art. 63 du Code d'instruction criminelle. Les magistrats chargés de recevoir les plaintes ne peuvent les refuser. M. Jaquinot-Pampelune, dans l'instruction à ses auxiliaires, en 1817, disait sur ce point : « Je n'ai pas besoin de vous rappeler quel est, sous ce rapport, l'importance de vos fonctions : elles vous constituent intermédiaires entre le particulier qui se plaint et la justice qui doit statuer sur ces plaintes, car vous devez regarder l'obligation de les recevoir comme une de celles qui vous sont le plus rigoureusement imposées... L'officier de police ne peut refuser de recevoir la plainte ou la dénonciation sous le prétexte que le caractère du fait est douteux : il le peut encore moins sous prétexte que la preuve serait impossible. » Aujourd'hui il n'y a plus lieu à refuser la plainte portée par un fils contre son père, par une femme contre son mari : ce sont là des distinctions bonnes peut-être au point de vue de la morale, mais fausses au point de vue du droit[1]. Les dispositions de l'art. 31, relatif aux dénonciations, doivent aussi s'appliquer aux plaintes.

Jusqu'à quel moment la partie lésée peut-elle intervenir au procès ? L'art. 67 dit : « Les plaignants pourront se porter partie civile en tout état de cause jusqu'à la clôture des débats »; et l'art 358 : « La partie civile est tenue de former sa demande en dommages-intérêts avant le jugement; plus tard elle sera non recevable. » De ces mots : *en tout état de cause*, il ne faut pas conclure que la personne lésée qui ne s'est pas constituée partie civile en première instance, puisse le faire s'il y a appel interjeté; les deux degrés de juridiction forment un droit pour le prévenu, tant sous le rapport de l'application de la peine que sous celui de la réparation pécuniaire : or, permettre à la partie civile d'intervenir en appel serait le priver du premier degré de juridiction[2]. Devant la Cour d'assises, la clôture des débats a lieu après les répliques au moment où le président va commencer son résumé (C. d'inst. crim., art. 358). La partie lésée a intérêt à ne se porter partie civile que vers la fin des débats, parce qu'alors elle peut juger, d'après la marche de l'affaire, si les chances lui sont favorables ou contraires.

On peut se constituer partie civile par la plainte que l'on a adressée aux magistrats compétents, par requête d'avoué notifiée au prévenu, et même par simples conclusions à l'audience[3]. Quant aux tribunaux correction-

[1] M. Faustin Hélie, t. 5, p. 334.
[2] Cass., 24 mai 1833, S., 791; 17 juillet 1841, S., 779.
[3] M. Sourdat, n° 304.

nels ou de simple police, on peut les saisir directement par la citation de la personne lésée.

En vertu du décret du 18 juin 1811, les frais peuvent tomber à la charge de la partie civile: l'art. 160 porte: «En matière de police simple ou correctionnelle, la partie civile qui n'aura pas justifié de son indigence, sera tenue, avant toute poursuite, de déposer au greffe ou entre les mains du receveur de l'enregistrement la somme présumée nécessaire pour les frais de procédure. Il ne sera exigé aucune rétribution pour la garde de ce dépôt, à peine de concussion.» Le texte de l'article 160 semble exclure la consignation pour les affaires criminelles: une ordonnance du 18 juin 1832 prescrivit à la partie civile de consigner même au grand criminel, mais elle ne fut pas suivie, et, dans la pratique, la consignation n'est pas exigée[1]. L'individu insolvable n'est pas déchu du droit de se porter partie civile : il doit seulement, en vertu des art. 159 et 160 du même décret, produire un extrait du rôle des contributions et un certificat d'indigence : le ministère public pourra alors, s'il le veut, mettre en mouvement l'action publique.

L'art. 66 du Code d'instruction criminelle permet aux plaignants qui se sont portés partie civile de se départir de cette qualité par le désistement fait dans les vingt-quatre heures; alors ils ne seront tenus que des frais antérieurs au désistement. L'acte de désistement n'est soumis par la loi à aucune formalité particulière; il doit être signifié au prévenu et au procureur impérial : au prévenu, parce que c'est avec lui que l'action civile est engagée; au procureur impérial, parce que la

[1] M. Sourdat, n° 311.

position du ministère public se trouve modifiée par le désistement qui met les frais à la charge de l'État, en cas d'insolvabilité du prévenu. Si le désistement est fait après les vingt-quatre heures, la partie civile est responsable de la totalité des frais : en effet, la partie qui se désiste est censée succomber dans sa demande, et dès lors l'art. 368 du Code d'instruction criminelle est applicable [1]. Le désistement fût-il fait dans les vingt-quatre heures, ne pourrait avoir pour effet d'empêcher une condamnation à des dommages-intérêts, si la plainte était calomnieuse, par exemple, et causait ainsi préjudice au prévenu.

CHAPITRE VIII.

DES PREUVES.

En règle générale, un délit ne se présume jamais : c'est à celui qui poursuit à faire la preuve; ainsi, en matière criminelle comme en matière civile, la charge de la preuve incombe au demandeur, c'est-à-dire à la partie poursuivante; c'est à elle à démontrer la culpabilité de l'accusé et non à lui à établir son innocence; seulement, si le fait est avéré et que le défendeur se retranche derrière une exception, un cas fortuit, par exemple, c'est alors à ce dernier à le prouver.

Aux termes de l'art. 1348 du Code Napoléon, la partie lésée peut justifier de sa demande par tous les moyens de preuve reconnus par la loi [2]. L'art. 154 du Code d'instruction criminelle porte : « Les contraventions seront prouvées, soit par procès-verbaux ou rap-

[1] Cour de Paris, 24 Juin 1837, S., 37, 2, 391.
[2] « L'art. 28 du décret du 17 fév. 1852 interdit la preuve par té-
« moins pour établir la réalité des faits injurieux ou diffamatoires »

ports, soit par témoins, à défaut de procès-verbaux et rapports à leur appui. Quelques pages plus loin, l'art.189 ajoute que la preuve est la même, pour les délits correctionnels, que pour les contraventions. Toutefois les procès-verbaux n'ont pas en matière criminelle la même importance que dans les matières spéciales ; dans le premier cas, ils ne font qu'une dénonciation qui peut être complétée par toute preuve ; dans le second, ils servent de fondement nécessaire à l'action, et s'ils sont irréguliers, l'action s'éteint[1].

Il ne suffit pas de se plaindre d'un délit criminel pour se croire dispensé, dans quelques cas particuliers, de certaines preuves qu'exige le Code civil. Ainsi, en cas de poursuite pour violation de dépôt, il faut d'abord prouver le dépôt, en se conformant aux règles ordinaires établies (Cod. Nap., art. 1923-1924).

Devant les tribunaux de répression, l'action civile fût-elle jointe à l'action publique, on peut entendre la partie lésée comme témoin[2]. Devant les tribunaux civils, il en est différemment : la partie lésée doit se soumettre à la règle posée par l'art. 1315 du Code Napoléon : on ne peut être à la fois témoin et partie.

Il nous reste à examiner une dernière question fort importante : celle de savoir si le jugement criminel est une preuve devant les tribunaux civils. Il est admis sans contestation que, lorsque la partie lésée s'est constituée partie civile, le jugement est rendu contradictoirement et produit en sa faveur ou contre elle, suivant que l'accusé a été condamné ou acquitté, force de chose jugée.

[1] M. Sourdat, n° 335.
[2] Art. 408 Code inst. crim.; Rej., 28 nov. 1844, S., 45, 1, 386 ; 12 nov. 1846, S., 47, 1, 476.

Mais lorsque la personne lésée n'est pas intervenue devant les tribunaux de répression, et que, postérieurement à leur décision, elle saisit les tribunaux civils, que décider? Lorsque l'accusé a été condamné devant la juridiction criminelle, le juge civil ne pourra remettre en question l'existence du fait et de la culpabilité : il y a exception de chose jugée, le criminel domine le civil. Le procureur général Mourre posait les vrais principes lorsqu'il disait : « Quand l'accusé est condamné, personne n'a plus le droit de parler de son innocence, tout le monde a été accusateur en la personne de l'officier public. Un jugement rendu au criminel est un monument élevé dans le sein de la société qui doit fixer tous les regards, enchaîner toutes les pensées : c'est un monument sur lequel s'imprime une vérité publique. Quelle épouvantable théorie que de faire juger au civil une question déjà jugée au criminel [1]! » Toutes les dispositions de nos lois prouvent que les décisions des tribunaux de répression ont, en cas de condamnation, une influence légale sur l'action civile [2]. Il y a lieu de décider au cas d'absolution de l'accusé, comme au cas de condamnation : sur ce point aussi le jugement rendu sur la poursuite du ministère public, mandataire de la société, est irréfragable pour tous les membres de cette même société qui peuvent avoir quelque intérêt à ces décisions; elle acquiert contre eux l'autorité de la chose jugée; en effet, l'existence du fait est avérée, la décision à cet égard a été formelle et positive : or, ce ne pour-

---

[1] Dalloz, *Chose jugée*, n° 553.

[2] Duranton, t. 13, n° 483; Dalloz, *Chose jug.*, n° 450; M. Sourdat, n°° 352 et suiv.; Limoges, 2 fév. 1846, S., 47, 2, 106; Grenoble, 17 nov. 1846, S., 47, 2, 547. *Contra :* Toullier, t. 8, n°° 30 et suiv., t. 10, n° 240.

rait être mue sur la même cause que serait fondée l'action en d... .nages-intérêts. Ce serait donc remettre en question, à l'égard d'une partie privée, ce qui a été jugée à l'égard de tous.

Lorsque l'acquittement a été prononcé par les juges criminels, en règle générale, la solution n'est pas la même. En vertu des art. 358 et 366 du Code d'instruction criminelle, les cours d'assises ont le droit de prononcer même en cas d'acquittement des dommages-intérêts; ce pouvoir a été refusé aux tribunaux de police simple ou correctionnelle, parce qu'ils sont désaisis, mais les tribunaux civils sont alors compétents et peuvent examiner si les éléments de faute, d'imprudence ou de négligence sont suffisants pour motiver une réparation pécuniaire. Toutefois ce principe général est toujours dominé par celui que nous avons d'abord exposé, à savoir : que l'on ne peut faire juger de nouveau au civil ce qui a déjà été jugé au criminel.

Ainsi, par exemple, si le prévenu est acquitté devant les tribunaux correctionnels, parce qu'il n'est pas l'auteur du fait incriminé, on ne pourrait intenter une action en dommages-intérêts devant les tribunaux de première instance, car ce serait remettre en question le fait qui forme la cause commune des deux procès. Il en serait de même si le prévenu était renvoyé de la plainte parce que le délit n'était pas constant : le doute conduit à l'acquittement, *idem non esse aut non apparere :* il serait d'ailleurs étrange, puisque la culpabilité n'est pas affirmée, que, dans le cas où on n'a pu trouver assez d'éléments de certitude pour la réparation pénale, on en trouve assez pour la réparation pécuniaire. Enfin, si le prévenu avait été acquitté parce que le fait incriminé ne réunissait pas tous les éléments d'un délit, l'action en dommages-intérêts pourrait être valablement portée devant les tribunaux civils.

Dans la question que nous examinons, tout se réduit à l'examen des termes dans lesquels l'acquittement a été rendu. Ainsi qu'un verdict du jury porte : non, l'accusé n'est pas coupable; dans ce cas, la décision est assez vague pour que l'action civile puisse être valablement intentée : il y a des considérations morales qui peuvent amener l'acquittement au criminel d'un individu qu'on n'hésiterait pas à condamner au civil. Que le verdict même réponde à deux questions, sur le fait matériel et sur la culpabilité, qu'il dise par exemple : non, le testament n'est pas faux; non, l'accusé n'est pas coupable, y aura-t-il pour cela autorité de chose jugée sur la réparation civile? Nous ne le croyons pas : il ne faut pas oublier qu'en ces matières la déclaration du jury est complexe, qu'elle embrasse à la fois et la matérialité du fait, et la moralité intentionnelle de l'accusé, et la personnalité de l'acte; que dès lors il doit y avoir incertitude sur les motifs qui ont déterminé le jury. Devant les cours d'assises, c'est à la société, demanderesse, à prouver : si elle ne prouve pas, c'est-à-dire s'il n'est pas constant que le testament incriminé soit faux, il y a acquittement; mais, devant le tribunal civil, c'est à l'accusé à prouver que le testament est vrai, et la déclaration du jury ayant pu être le résultat d'un doute, n'est pas suffisante pour établir cette preuve[1].

Les ordonnances des chambres du conseil et les arrêts de la chambre des mises en accusation n'ont au-

[1] M. Sourdat, nos 362 et suiv.

cune influence légale sur l'action civile : en effet, ces décisions n'ont point le caractère d'irrévocabilité qui est un des éléments constitutifs de la chose jugée.

CHAPITRE IX.

DE LA PRESCRIPTION.

Nous avons vu que l'action en responsabilité civile pouvait s'éteindre par la transaction et par le désistement; il nous reste à parler du troisième mode d'extinction, le plus important sans aucun doute : de la prescription. Le législateur a eu pour principe dominant en cette matière de faire dépendre la durée de l'action civile de celle de l'action publique; le même fait leur ayant donné naissance, il est rationnel qu'elles s'éteignent en même temps. Ce n'est toutefois qu'une règle générale soumise à quelques exceptions.

Au premier abord, on peut s'étonner de voir qu'un temps plus ou moins long puisse paralyser le bras de la justice et laisser le crime sans punition; mais quelque forte que soit cette considération, le principe de la prescription criminelle est de tous les temps : le remords a paru une punition suffisante; toujours en présence de son crime, toujours craignant qu'on ne le découvre, le criminel reçoit un châtiment de chaque jour. D'ailleurs, un sentiment d'intérêt public domine cette théorie : après un certain temps, les preuves sont plus difficiles à réunir, les preuves matérielles surtout disparaissent de jour en jour, la mémoire des témoins défaille, et la conviction des crimes est plus difficile : la poursuite enfin pourrait être dangereuse et troubler à tort le repos de la société.

Les art. 2, 637, 638 et 640 du Code d'instruction

criminelle posent les règles en cette matière; l'action civile se prescrit par dix ans, si elle résulte d'un crime; par trois ans, si elle résulte d'un délit; par un an, si elle résulte d'une contravention. Mais ne faut-il pas seulement appliquer cette prescription à l'action civile jointe à l'action publique? C'est ce que nous allons examiner.

Il faut remarquer d'abord, que la prescription dont nous parlons n'atteint que celles des actions civiles qui naissent d'un délit, et non pas celles qui peuvent résulter d'un contrat ou d'un quasi-contrat. En effet, le délit du débiteur ne saurait être une cause d'aggravation de la condition du créancier, en abrégeant le délai dans lequel celui-ci doit, à peine de déchéance, exercer son action : c'est un contrat qui est la base de cette action, et non une obligation née d'un délit; ce n'est donc pas la prescription des délits, mais bien la prescription ordinaire, qui est applicable. Ainsi, en règle générale, lorsqu'un fait délictueux constitue en même temps une infraction à un contrat, l'action engagée devant les tribunaux civils, en réparation du dommage causé par cette infraction, n'est soumise qu'à la prescription trentenaire [1].

La prescription de l'action civile résultant d'un crime ou d'un délit est acquise, même quand cette action est portée devant les tribunaux civils, par un laps de temps semblable à celui qui est nécessaire pour éteindre l'action criminelle à laquelle un délit donne ouverture, et non par le laps de trente ans, comme en matière civile; les art. 637 et 638, en déclarant formellement que les

---

[1] MM. Mangin, *Acte publ.*, n° 36; Rauter, n° 583; Sourdat, n° 376 ; Rej., 16 avril 1845, S., 494.

deux actions s'éteindraient par le même laps de temps, n'ont pas entendu parler de l'action civile intentée devant les tribunaux de répression; ç'aurait été une disposition inutile, mais bien de celle portée devant les tribunaux ordinaires. Une même action, devant quelque juridiction qu'elle soit portée, doit avoir la même durée, car, comme le dit M. Sourdat[1], « c'est à la nature du fait qu'il faut s'attacher; or, les actions qui naissent des délits sont soumises à une prescription différente de celles qui naissent des contrats. » Si la partie lésée base sa demande, non sur le délit, mais sur le préjudice causé, en vertu de l'art. 1382, la décision doit être la même que précédemment : l'art. 368 fixe d'une manière absolue la durée de l'action civile résultant d'un crime, sans distinguer si elle a pour but d'obtenir des dommages-intérêts et même une restitution, car, dans ce dernier cas, la demande serait aussi non recevable. Un intérêt public domine ici l'intérêt privé, le législateur a voulu éviter le scandale et ne pas donner une trop longue durée à des actions qui s'attaquent à l'honneur, les moyens de défense devenant tous les jours plus difficiles[2].

D'après l'art. 637, le délai de la prescription court du jour où le crime a été commis, peu importe qu'il n'ait été découvert qu'ultérieurement; toutefois, si les délits étaient successifs, ce serait le dernier délit commis qui servirait de point de départ[3].

La prescription criminelle, comme la prescription

[1] N° 378; Mangin, n° 363; M. Faustin Hélie, t. 3, p. 792; Crim. cass., 3 août 1841, S., 753; Cass., 21 nov. 1851, D. P., 415; 6 mars 1855, D. P., 84.

[2] Cour de Bourges, 26 mars 1855, D. P., 307.

[3] M. Sourdat, n° 384.

civile, peut être interrompue; il est de toute justice que les poursuites intentées fassent conserver leurs droits à la partie publique ou civile. La prescription pour crime ou délit court à partir du crime commis, à moins qu'il n'ait été fait de poursuite ou d'acte d'instruction qui de nouveau servent alors de point de départ : la prescription pour contravention ne considère pas comme actes interruptifs les procès-verbaux ou les actes de poursuite, elle s'accomplit par le laps d'un an s'il n'y a pas eu de condamnation dans cet espace de temps. Les actes d'instruction et de poursuite sont, dit la Cour de cassation[1] : « tous actes ayant pour objet, soit de rechercher les preuves de l'existence du crime et de la culpabilité du prévenu, soit de s'assurer de sa personne. » Doivent être considérés comme actes d'instruction ou de poursuite : les mandats d'arrêt et de comparution, le réquisitoire du ministère public au juge d'instruction à fin d'informer, le procès-verbal de constatation de délit.... *Quid* de la dénonciation et de la plainte? Ces actes eussent-ils été faits dans l'intention de la part du plaignant de se porter partie civile, ne pourraient être considérés, au point de vue du droit criminel, comme un acte de poursuite ou d'instruction; au point de vue du droit civil, il faut, en vertu de l'art. 2244, une citation en justice pour interrompre la prescription; or, une plainte n'est pas une citation, elle n'est pas adressée au tribunal qui doit en connaître, mais aux procureurs impériaux ou aux juges de paix.

Il faut, pour que la prescription de la peine commence, que le jugement rendu soit définitif; tant qu'il est susceptible d'opposition ou d'appel, il est un simple

---

[1] Dalloz, *Amnistie*, n° 12, Crim. rej., 14 juin 1816.

acte d'instruction qui a bien interrompu la prescription de l'action publique, mais qui ne fait pas obstacle à ce qu'elle recommence son cours, et qui, ainsi, n'a pas pour effet de substituer la prescription de la peine à celle de l'action. Le jugement définitif de condamnation devant les tribunaux criminels interrompt la prescription de l'action civile qui n'aurait été portée, ni devant le tribunal civil, ni devant le tribunal de répression. Par le fait de la condamnation, l'action civile ne devient pas pour cela trentenaire, son isolement ne change pas les délais, les art. 637 et 638 ne comportent aucune espèce de distinction, *ubi lex non distinguit, nec nos distinguere debemus.* La nature de l'action reste la même, que l'action civile soit ou non éteinte[1].

Il y a lieu, non-seulement à interruption, mais aussi à suspension de prescription en matière criminelle : ici s'applique, quoique d'une manière plus restreinte qu'en droit civil, la maxime *contra non valentem agere non currit prescriptio;* l'art. 3 du Code d'instruction criminelle en fournit la preuve.

La minorité et l'interdiction ne suspendent pas la prescription, car l'art. 2251 porte que la prescription court contre toute personne, à moins d'exception établie par la loi; or, le Code d'instruction criminelle, au chapitre de la prescription, ne contient aucune dérogation en faveur des mineurs et des interdits[2]. Au criminel, la prescription est un moyen péremptoire; on peut l'opposer en tout état de cause : d'office par le

---

[1] MM. Mangin, n° 365; Sourdat, n° 400; Cass., 3 août 1841, S., 753; Lyon, 17 juin 1842, S.. 343.

[2] M. Chauveau Hélie, t. 2, p. 254; Rauter, n° 852; Mangin, n° 360.

ministère public, devant la Cour, après la délibération du jury, devant la Cour de cassation quand même elle n'aurait pas été opposée en cour d'assises[1]. Au civil, on suit les règles du Code Napoléon.

Quant à la prescription des condamnations, il n'y a plus identité de système entre l'action publique et l'action civile : il suffit, pour s'en convaincre, de lire les art. 635, 636, 639 et 642 du Code d'instruction criminelle.

Si nous passons aux modes d'extinction de l'action en responsabilité relative aux délits civils, nous verrons qu'ils sont au nombre de trois : transaction, désistement et prescription : ce dernier mode est régi par les art. 2262 et 2264 du Code civil, c'est dire que le terme de la prescription des délits civils est de trente années à partir du fait dommageable. « Tant que le dommage causé, dit M. Sourdat, peut être constaté, et qu'il n'a pas été mis à couvert de l'action en réparation par ce laps de temps, celui qui l'a souffert peut en poursuivre l'indemnité, quelque long qu'ait été son silence. »

TITRE DEUXIÈME.

RESPONSABILITÉ RÉSULTANT DES QUASI-DÉLITS.

CHAPITRE PREMIER.

CARACTÈRES GÉNÉRAUX.

Suivant la définition de MM. Aubry et Rau : « un quasi-délit est un fait de commission ou d'omission par lequel on porte préjudice à autrui, mais sans avoir l'intention de nuire[2]. » Le fait illicite commis sans intention de

[1] M. Sourdat, n° 406; Dalloz, *Presc.*, n° 320.
[2] T. 3, § 444.

nuire : tel est le caractère qui distingue les quasi-délits des délits prévus ou non prévus par la loi pénale.

En matière de quasi-délits, la responsabilité repose sur ce principe : que l'homme ne doit jouir de sa liberté qu'autant qu'il ne lèse pas les droits d'autrui, que l'absence d'intention de nuire n'est pas suffisante pour qu'il puisse dénier la réparation; l'homme, vivant en société, a des rapports continuels avec ses semblables : en vue du bien public, et même dans un intérêt personnel, chacun doit faire le sacrifice gratuit d'une partie de sa liberté; aussi comprend-t-on qu'on punisse un fait répréhensible en ce sens que celui qui l'a commis pouvait et devait prévoir qu'il allait léser le droit d'autrui.

Après le principe posé par l'art. 1382, l'art. 1383 porte : «Chacun est responsable du dommage qu'il a causé non-seulement par son fait, mais encore par sa négligence ou par son imprudence. » En employant l'expression : *par son fait*, le législateur a donné aux juges libre carrière d'appréciation; toutefois, ils ne devront pas aller trop loin dans cette voie qui suit la limite qui existe entre le devoir civil ou l'obligation légale et la charité chrétienne, ils ne devront pas faire rentrer dans les faits de quasi-délits ou de délits civils des actes blâmables qui sont plutôt du ressort de la morale que du ressort du Code civil.

Les principes développés au commencement de notre travail sur la question d'imputabilité des actes, sont applicables ici. Lorsqu'il y a force majeure ou cas fortuit, il n'y a évidemment pas faute; toutefois, MM. Aubry et Rau [1] font très-justement remarquer que, pour que le cas fortuit n'entraîne pas responsabilité, il faut que le fait

[1] T. 3, p. 555.

n'ait pas été précédé d'une faute; si, par exemple, un voiturier, au lieu de passer par une route sûre, s'engage dans un chemin dangereux où les attaques sont fréquentes, et si on le dépouille de ses marchandises, il sera responsable, car, quoique l'événement résulte d'une force majeure, il y a eu de sa part, dans l'origine, une faute bien caractérisée[1].

Cet exemple prouve une fois de plus, que, pour qu'il y ait responsabilité, il faut une faute ayant pour objet direct l'accomplissement du dommage; aussi peut-il fort bien se faire qu'un fait qui porte préjudice à autrui, n'oblige pas celui qui l'a causé à le réparer, et cela, parce qu'il n'y a pas faute soit *in faciendo*, soit *in omittendo*. Ce principe se comprend assez par lui-même sans qu'il soit besoin de citer des exemples : toutefois, nous croyons que, par application de ce que nous venons de dire, la Cour de Lyon[2] n'a pas jugé au point de vue du droit strict, lorsqu'elle a décidé : qu'une compagnie de chemin de fer peut être déclarée responsable des blessures faites à un ouvrier qui avait enfreint les règlements pour éviter un accident. L'espèce était celle-ci : un ouvrier, chargé de répandre du sable sur la voie, avait été blessé, parce que au moment du passage du train il avait cherché à enlever avec sa pelle des cailloux placés sur un rail, qu'il supposait pouvoir faire dérailler le train, quoique les règlements prescrivent aux ouvriers de s'éloigner à l'approche des trains. Cet arrêt est, nous le croyons, contraire à la règle posée ci-dessus; l'ouvrier était en faute, le travail auquel il était employé, loin de lui commander ce fait, le lui dé-

[1] T. 2, p. 322, 2e édit.

[2] 5 avril 1857, D. P., 57, 2, 86.

fendait; c'était là une imprudence basée sur un noble sentiment, mais il devait en rester exclusivement victime, puisqu'il ne pouvait l'imputer qu'à lui seul. Non pas que nous ne comprenions le motif de générosité qui a dicté cet arrêt, basé, non sur les principes rigoureux du droit, mais plutôt sur l'équité, sur ce qu'on pourrait appeler *la justice sympathique;* un tel sentiment n'est pas le nôtre, mais il aurait été à désirer que la compagnie n'allât pas porter devant les tribunaux un acte qu'il était de son devoir de réparer à l'amiable; la compagnie n'avait pas à se reprocher une faute, mais elle devait récompenser généreusement le mobile louable qui avait poussé cet ouvrier au péril de sa vie. Ce sont là des obligations que la loi peut ne pas sanctionner, mais que le plus vulgaire sentiment de générosité doit dicter. La récompense du dévouement n'est pas du ressort des tribunaux, mais du ressort de la conscience; toutefois, quand la conscience résiste, ce n'est pas aux tribunaux à remplir son rôle.

Les principes que nous venons d'énoncer, nous amènent tout naturellement à donner quelques notions sur les caractères de la faute, et, lorsque nous les connaîtrons, nous n'aurons plus qu'à les appliquer à toutes les questions qui se présenteront. Nous touchons ici à un point du droit qui a été l'objet de nombreuses controverses, tant dans le droit ancien que dans le droit moderne; il touche assez à notre sujet pour que nous en disions brièvement quelques mots. Nous croyons que la division tripartite, que la plupart des commentateurs du droit romain et de l'ancien droit avaient admise, n'existe plus aujourd'hui. Il suffit, pour s'en convaincre, de lire ces quelques paroles de M. Bigot-

Préameneu, dans son rapport au Corps législatif: «Cette division des fautes est plus ingénieuse qu'utile..... La théorie dans laquelle on les divise en plusieurs classes sans pouvoir les déterminer, ne peut que répandre une fausse lueur et devenir la matière de contestations plus nombreuses. L'équité elle-même répugne à ces idées subtiles. On ne la reconnaît qu'à cette simplicité qui frappe à la fois l'esprit et le cœur. » Ces paroles prouvent que la division systématique de l'ancien droit a été remplacée, sous l'empire du Code, par un pouvoir plus large d'appréciation donné au juge. Il suffit d'ailleurs de comparer les législations pour établir la vérité de ce système. A la différence de l'ancienne jurisprudence qui énumère et précise les preuves qui doivent être reçues, et qui leur attribue une valeur fixe dont le juge ne peut s'écarter, le droit actuel a plutôt la tendance de s'en remettre à la conscience du juge, et de ne lui demander aucun compte des moyens par lesquels il a cru devoir se décider. La loi a donné l'exemple du bon père de famille pour servir de point de comparaison avec les différents actes de l'homme dont il s'agit d'apprécier la responsabilité. D'ailleurs, en matière de délits et de quasi-délits, le cercle est bien plus restreint qu'en matière de contrats. *In lege Aquilia et levissima culpa venit*, disait déjà avec raison le législateur romain. Domat, lui aussi, imposait la responsabilité à celui qui avait commis par son fait: «toutes pertes, tous dommages et autres fautes semblables, *si légères qu'elles pussent être*[1]. Il est juste qu'il en soit ainsi: les relations ne sont pas choisies comme dans les contrats; elles sont involontaires et forcées; il y a toujours acte

[1] Domat, *Lois civ.*, liv. 2, t. 8, sect. 4.

illicite commis contre une personne qui ne pouvait aucunement le prévoir; dès lors, toute participation au dommage, si peu importante qu'elle soit, oblige à réparer le préjudice causé, s'il y a faute de la part de l'agent[1]. Toutefois il ne faut pas aller trop loin et voir des fautes dans les moindres faits; non, le législateur ne peut vouloir qu'on prenne, même en matière de délits, pour point de comparaison ces hommes d'une minutie excessive que le ridicule livre à la scène : l'existence d'une faute peut être reconnue, un homme d'une prudence extrême ne l'aurait peut-être pas commise, et cependant on devra en absoudre l'auteur; il faut prendre l'humanité telle qu'elle est, et non pas telle qu'elle devrait être; ce n'est pas sur un idéal qu'on doit se baser, c'est sur la réalité. Aussi la loi a-t-elle agi sagement, lorsque, sans tracer une règle fixe pour chaque pas particulier, elle a posé un principe général, laissant à la conscience et à l'intelligence du juge à en appliquer les conséquences sur toutes les questions qui se présenteront.

Pour bien faire comprendre ces données théoriques, on peut citer, comme exemples dans l'application, les établissements insalubres, dangereux ou incommodes : leur création peut-elle donner lieu à des dommages-intérêts en faveur des propriétés voisines? L'autorisation donnée dans un but d'intérêt général n'a pas pour effet de mettre les établissements à l'abri de tout recours en dommages-intérêts : ces indemnités peuvent être accordées pour lésion d'un droit privé que l'admi-

---

[1] Merlin, *Rép.*, *Faute:* MM. Aubry et Rau, t. 2, p. 318, note 18, 2ᵉ édit.; Dalloz. *Resp.*, n° 98; Sourdat, nᵒˢ 655 et suiv.; Toullier, t. 11. nᵒˢ 153 et suiv. *Contra: Revue de lég.*. 1835. t. 2, p. 269 et 312.

nistration n'avait pas mission de protéger par son autorisation, qui dès lors ne les couvre nullement. Toutefois, il y a lieu de distinguer les inconvénients généraux des inconvénients personnels : pour les premiers, l'autorisation suffit, sans quoi ce serait condamner toute espèce d'indutsrie et rendre son exercice impossible ; pour les seconds, les propriétaires peuvent en être tenus ; ce sont ces dommages, variant à l'infini, qui atteignent les voisins dans leurs propriétés, soit en les dégradant, soit en les infectant d'odeurs ou de fumées incommodes [1]. On comprend d'ailleurs qu'il n'y ait pas en cette matière de règle fixe, et que les cas qui se présenteront se résolveront toujours d'après des questions de fait sur lesquelles les circonstances exerceront la plus grande influence. Il y a là toutefois un des points les plus délicats de notre droit : il sera difficile de garder le juste milieu entre le droit de propriété et la liberté de l'industrie, sans sacrifier l'un à l'autre ; mais il eût été plus périlleux de poser des règles fixes précises et invariables. « La jurisprudence, dit M. Dalloz [2], paraît aujourd'hui fermement établie en ce sens qu'elle se borne à chercher si l'exploitation a causé ou non un dommage facile à prévenir, ou qui excède la tolérance du voisinage. Dans le premier cas, un dommage (même non excessif) donnera lieu à une indemnité, si l'auteur de ce dommage pouvait l'éviter à ses voisins sans nuire à ses droits légitimes. Dans le second cas, celui d'un dommage excessif, il y a une atteinte à la propriété dont la réparation est due. » Nous ne

---

[1] Cass. rej., 27 nov. 1844, S., 45, 1, 12, Cass., ch. civ., 8 juin 1857, D. P., 293.

[2] *Rép., Resp.*, n° 117.

voulons pas continuer la longue série des questions
analogues qui peuvent se présenter devant les tribunaux, nous avons développé celle-ci pour exemple; il
suffit de feuilleter les recueils de jurisprudence pour
se convaincre de la variété des espèces et de leur mul-
tiplicité.

La responsabilité d'un fait dommageable peut être
couverte par l'imprudence de la victime du dommage,
s'il est déclaré que cette seule imprudence est la cause
du préjudice souffert : ainsi, il a été jugé que le pos-
tillon d'une diligence qui rencontre une voiture sur
une grande route et qui la renverse, n'est pas responsable si l'accident a eu lieu parce que la voiture n'était
pas éclairée, s'il avait été impossible de l'apercevoir et
par suite de lui céder la moitié du pavé, conformément
aux règlements [1]. S'il y a eu faute réciproque, la solution de la question est abandonnée complétement au
pouvoir discrétionnaire des tribunaux [2].

Il peut y avoir faute, quoique le fait originaire soit
licite, lorsque les conséquences sont dommageables.
Si, par exemple, vous placez du foin dans un grenier,
vous usez de votre droit, mais si ce foin n'est pas assez
sec et qu'il communique le feu à la maison voisine,
vous devrez réparer le dommage, car vous n'aurez pas
pris toutes les précautions nécessaires: *nunc et qui occasionem præstat damnum fecisse videtur* [3].

L'impéritie, résultant de l'exercice d'une profession,
peut donner lieu à l'action en responsabilité. Domat

---

[1] C., Douai, 14 déc. 1846, S., 542; Cass., 12 janv. 1849, D. P., 39.
[2] MM. Aubry et Rau, t. 3, p. 558; C. de Nîmes, 26 août 1857. D. P.,
58, 2, 5; Jugement du tribunal de Strasbourg du 14 janv. 1859.
[3] *ff.* l. 30, § 3, *ad leg. Iq.*

cite l'exemple d'un charretier qui a mal rangé ses pierres sur sa voiture, s'il en tombe une et qu'elle cause du dommage, il devra le réparer[1]. Quant aux professions qui exigent certaines conditions déterminées, telles qu'études préparatoires, examens, concours, etc., la responsabilité peut aussi exister en ce sens qu'on pourra, non pas demander compte d'un talent plus ou moins élevé, d'un mérite plus ou moins sérieux, mais d'une négligence inexcusable, d'une ignorance complète des choses que l'on devrait savoir. Le médecin, par exemple, peut être dans certains cas déclaré responsable, car s'il est vrai qu'en général on ne puisse lui reprocher le résultat de ses prescriptions et opérations, la médecine étant une science qui ne repose pas sur des données certaines, qui est en définitive fort conjecturale, il y a des cas qui impliquent négligence, ignorance ou maladresse impardonnables; dès lors le médecin devra comme toute personne répondre de ses fautes, parce qu'à côté des priviléges de la profession, il y a l'intérêt public dont on doit aussi sérieusement tenir compte[2].

Le médecin, requis par l'autorité municipale, peut-il être déclaré responsable? nous ne le croyons pas; le droit de réquisition du maire n'atteint pas les médecins, l'art. 475 du Code pénal n'oblige les citoyens qu'à donner le concours de leur force physique et non d'une capacité scientifique quelconque. Le médecin a commis un acte coupable, odieux, en refusant ses services; ne serait-ce pas interpréter ridiculement l'art. 475 et faire remonter le ridicule jusqu'au législa-

---

[1] Lois civ., t. 2, tit. 8, sect. 4, n° 5.

[2] Voir le req. du proc. gén. Dupin, Dalloz, Resp., n° 129.

teur que de penser que pour un fait semblable il n'ait prononcé qu'une amende de 6 à 10 fr. La réparation civile, comme la réparation pénale, est impossible. Il y a peut-être là une lacune dans la loi, mais alors c'est au législateur à la combler. L'avocat doit bien obéir au droit de réquisition, pourquoi n'en serait-il pas de même du médecin? D'ailleurs, ce sont de ces faits qui, pour l'honneur du corps médical, arrivent si rarement, que les rédacteurs du Code ont peut-être mieux fait de ne pas les prévoir, trouvant que le passé était un sûr garant de l'avenir et que les nobles traditions reçues dictaient mieux la conduite à suivre que les lois les plus sévères.

Le préjudice moral, comme le préjudice matériel, peut servir de base à la responsabilité. Par application de ce principe, la cour de Rouen a décidé que lorsqu'un commerçant avait pris l'engagement de faire acquitter des effets d'un autre commerçant, son correspondant, il était responsable si les effets avaient été protestés, car le préjudice moral est ici assez saisissable pour que les tribunaux puissent l'apprécier pécuniairement. Un protêt jette toujours une certaine défaveur sur une maison de commerce, et, dans l'espèce qui nous occupe, il avait été cause de la perte de plusieurs clients. Quant à la difficulté de l'appréciation, la Cour de Rouen a mis en lumière les vrais principes, en disant : « Que la difficulté de déterminer exactement l'étendue du préjudice souffert, et l'absence de base matérielle pour en fixer le chiffre, ne sont pas des motifs pour ne pas allouer de dommages-intérêts à celui dont le droit à ces dommages est reconnu incontestable [1]. »

[1] Bordeaux, 23 nov. 1852, D. P., 56, 2, 23.

Il est toutefois de principe dans notre droit qu'il n'y a pas d'action indemnitaire accordée à la fille abusée contre son séducteur, ce serait donner une prime à la faiblesse, au déshonneur et au libertinage. Il est aussi de jurisprudence constante que l'inexécution d'une promesse de mariage ne peut, *à elle seule*, donner lieu à des dommages-intérêts. Nous ne voulons pas entrer dans le long examen de cette question, nous dirons toutefois à ceux qui nous opposeraient l'art. 1382, que cet article ne s'applique qu'aux délits et aux quasi-délits; que ce serait faire un lien légal d'une convention non reconnue par la loi; que ce serait se mettre en opposition complète avec le vœu du législateur, la liberté dans le mariage; qu'enfin, si d'un côté l'abandon d'une fiancée peut porter quelque atteinte à son honneur, ce serait souvent, d'un autre côté, une réparation pire que l'injure, que de forcer un jeune homme qui a de justes sujets de se dédire, de jeter, au grand jour de la publicité, des faits qui peuvent flétrir la réputation d'une jeune fille. Les principes qui doivent avec raison servir de base en cette matière, peuvent ne plus être applicables, lorsqu'à côté de l'inexécution de la promesse de mariage il y a des circonstances de fait qui causent un préjudice moral à la jeune fille qui en a été victime. Quant à la définition du préjudice moral en cette matière, c'est là plus que partout ailleurs qu'on peut dire : *definitio est periculosissima;* aussi les tribunaux ont-ils la plus grande latitude pour l'appréciation des espèces qui pourront leur être soumises[1]. Nous avons développé assez longuement les règles principales sur l'existence de l'action, leur application

[1] Dalloz, *Resp.*, n° 160.

est aussi innombrable que variée ; quelques exemples suffiront. Les quasi-délits peuvent provenir, soit d'un fait positif, soit d'une imprudence, négligence ou omission.

I. *Fait positif.* Ici le dommage est l'effet direct de l'action entreprise par l'auteur du préjudice, c'est le plus haut degré de la faute, parce que c'est par le fait même et par le fait seul que l'obligation est contractée. Ainsi, le dénonciateur peut être condamné à des dommages-intérêts envers le dénoncé déclaré innocent, lorsque la dénonciation a été reconnue calomnieuse ou tout au moins téméraire. Il y a évidemment pour fondement de cette action un intérêt sérieux, un intérêt moral de l'ordre le plus élevé et le plus respectable, et même un intérêt matériel qui souvent peut être considérable. Toutefois, on a jugé avec raison que, lorsque c'était sur la clameur publique et non sur la provocation de la partie lésée qu'un individu avait été poursuivi, il n'était pas recevable à demander des dommages-intérêts contre cette dernière[1]. Le dommage causé par la voie de la presse entraîne l'action en responsabilité[2]. Les compagnies de chemins de fer doivent accorder à tous les entrepreneurs de transport les réductions de prix de tarif qu'elles ont accordées à certains, à raison des distances parcourues et des marchandises transportées. L'égalité dans l'application des tarifs est un principe d'intérêt général, d'ordre public, et la condition sous laquelle les cessions sont accordées; par conséquent, l'expéditeur, lésé par les réductions accordées à un autre, a contre la compagnie une

[1] Dalloz, *Resp.*, 172, Paris, 2 mai 1808.
[2] Dalloz, *Presse, Outrage*, n° 836.

action en réparation du préjudice causé par l'infraction au principe d'égalité[1].

II. *Imprudence.* Parmi les nombreux exemples qui peuvent se présenter, on peut citer ceux-ci : si le fusil d'un chasseur part et atteint des tiers, il y a lieu à action en responsabilité; il y a eu, en effet, imprudence de ne pas prévoir l'accident, de ne pas s'assurer de l'état de l'arme dont on se servait, de tirer sans avoir la certitude de ne toucher personne; l'incendie occasionné parce qu'on a fumé dans un bâtiment en le réparant, entraîne la responsabilité du fumeur ou de son maître.

III. *Négligence ou omission.* « Il y a faute de négligence, dit M. Sourdat[2], toutes les fois qu'un dommage est arrivé par l'absence d'une précaution imposée à quelqu'un, soit par la loi ou les règlements de l'autorité, soit par les règles de sa profession ou de son art, soit par les règles de la seule prudence humaine, en supposant, bien entendu, que cette personne fût tenue de prévenir le dommage. » 1° Par la loi: ainsi celui qui allume du feu à une distance prohibée par les règlements et qui par ce fait cause un incendie, ainsi celui qui jette quelque chose dans la rue et blesse un passant; 2° par les règles de sa profession ou de son art: on peut comprendre dans cette catégorie la responsabilité des médecins, des architectes, des notaires, avoués, etc....; 3° par les règles de la prudence humaine : ici les exemples se présentent journellement devant les tribunaux : ainsi qu'un accident arrive à un ouvrier pendant qu'il pose un appareil au-dessus d'un arbre de rotation dont le mouvement l'a blessé, la ré-

---

[1] Cass., 19 juillet 1853, S., 641 ; 3 fév. 1855. S., 231.
[2] N° 668.

paration du préjudice sera à la charge du maître de l'usine qui n'a pas employé toute la prudence désirable.

Quant aux fautes d'omission, des exemples qui se présentent souvent dans la pratique sont ceux qui se rapportent, soit aux adjudications de coupes forestières, soit aux adjudications de travaux sur la voie publique, lorsqu'on n'a pas pris toutes les précautions nécessaires pour prévenir les accidents. Tels sont les caractères généraux du quasi-délit. Nous devrons appliquer ici les développements que nous avons donnés, en traitant des délits, relativement à la transmissibilité de l'action aux héritiers, relativement aux conditions essentielles de cette action, telles que lésion d'un droit acquis, dommage actuel, certain et direct.

CHAPITRE II.

ÉTENDUE ET NATURE DE LA RESPONSABILITÉ. — SOLIDARITÉ. — EXÉCUTION DES CONDAMNATIONS.

Ce chapitre sera court, car ce qui concerne l'étendue et la nature de la responsahilité a été traité au chap. II du tit. Ier, où nous avons réuni ce qui touche à cette matière, tant par rapport aux quasi-délits, qu'aux délts prévus ou non prévus par la loi pénale.

L'indemnité accordée doit être complète, elle doit comprendre ce qu'on appelait en droit romain le *lucrum cessans* et le *damnum emergens*, elle n'est due que pour le préjudice qui est la suite directe et immédiate du quasi-délit, c'est dire qu'il ne faut pas marcher de déductions en déductions et suivre la faute dans toutes ses ramifications, mais qu'il faut s'attacher seulement aux conséquences qui découlent directement du fait dommageable.

La nature de la réparation ne peut, en principe, consister qu'en l'allocation d'une somme d'argent. Cependant, en cas de procès entre particuliers, les juges peuvent ordonner que les ouvrages faits contrairement au droit soient détruits; lorsque l'état est partie, la règle est différente : les tribunaux ne peuvent prononcer la suppression d'actes commandés par l'autorité administrative; le principe de la séparation des pouvoirs s'y oppose, ce serait permettre aux tribunaux d'administrer; en matière de travaux publics, il y a aussi exception, parce que, lorsqu'il y a des dommages causés, ce sont les conseils de préfecture qui sont compétents[1]. Relativement aux réparations entre particuliers, l'exécution peut en être ordonnée, seulement si le condamné ne les exécute pas, elles se résolveront en dommages-intérêts : cette alternative n'existe pas lorsque l'administration est partie au procès, les tribunaux ne peuvent pas commander l'exécution d'actes quelconques, ils ne peuvent qu'accorder l'allocation d'une indemnité pécuniaire.

La jurisprudence et les auteurs sont aujourd'hui presque unanimes pour décider que la solidarité a lieu en matière de quasi-délits : nous ne pouvons répéter que ce que nous avons dit de la solidarité des délits civils; l'art. 1382 oblige à la réparation du dommage dont les auteurs du préjudice sont tenus individuellement pour la totalité : si la solidarité ne se présume pas lorsqu'il s'agit des contrats, c'est que celui qui la réclame doit s'imputer à faute de ne l'avoir pas stipulée, tandis que, dans les quasi-délits, ceux qui, même sans concours prémédité entre eux, concourent à l'action

[1] M. Sourdat, n° 698.

dommageable so..t passibles solidairement de cette faute qui n'a pu être prévue, ni par conséquent stipulée, puisqu'elle repose sur un fait illicite; d'ailleurs, comme le dit Pigeau : « sans la réunion de tous ceux qui ont commis le dommage, il n'y aurait pas eu de dommage; de sorte qu'il est vrai de dire que les coupables ont chacun causé le tort en entier[1]. » Conformément à ces principes, la Cour de cassation a décidé que lorsque le fait préjudiciable avait pour cause un quasi-délit, on devait prononcer la solidarité contre ceux qui y avaient participé[2]; et cela, bien que le dommage résultât d'une faute successive et simultanée et qu'on ne pût déterminer la part de chacun des coauteurs[3]. La Cour de cassation a été fort loin dans cette voie, elle a étendu la solidarité à des actes qui, considérés isolément, ne constituaient pas de quasi-délits, mais dont la réunion avait causé un préjudice certain et actuel : il était question dans l'espèce de propriétaires de fabrique dont les odeurs délétères avaient porté préjudice aux propriétés voisines; le dommage ne résultait que de la réunion des usines fonctionnant ensemble, car il avait été constaté que les odeurs de chaque usine considérée isolément n'auraient pu être nuisibles[4]. La condamnation solidaire peut même s'étendre à la condamnation aux dépens, lorsqu'ils sont alloués pour tenir lieu de dommages-intérêts[5]. L'indivisibilité peut aussi résulter du quasi-délit, et alors chaque auteur du dommage est tenu *in solidum;* aussi,

---

[1] T. 1, p. 505; Dalloz, *Resp.*, n° 245, et les auteurs cités à la page du chap. 4.

[2] Cass. rej., 12 juillet 1837, S., 964.

[3] Cass. rej., 10 janv. 1849, S., 199.

[4] Rej., 11 juillet 1826, S., 27. 1. 236.

[5] Cass., 11 juin 1839, S., 601.

dans l'espèce précédente, l'indivisibilité avait été prononcée parce que, dit M. Sourdat, « il n'avait pas été possible de déterminer la part qui revenait à chacun dans la production, ni le moment où commençait la combinaison préjudiciable [1]. »

Quant à l'exécution des condamnations, les principes sont les mêmes, qu'il s'agisse de dommages-intérêts prononcés pour quasi-délits ou pour délits civils : l'art. 126 du Code de procédure est réglementaire dans les deux cas : nous ne reviendrons pas sur des règles déjà exposées.

CHAPITRE III.

COMPÉTENCE. — PREUVES. — PRESCRIPTION.

Nous ne parlerons dans ce chapitre que de la compétence des tribunaux de l'ordre administratif, ayant déjà parlé de celle des tribunaux de l'ordre judiciaire.

L'art. 8 de la loi du 28 pluviôse an VIII est ainsi conçu : « Seront déférées aux conseils de préfectures, les réclamations des particuliers qui se plaindront des torts et dommages procédant du fait personnel des entrepreneurs de travaux publics, et non du fait de l'administration, et les demandes et contestations concernant les indemnités dues aux particuliers à raison des terrains pris ou fouillés pour la confection des chemins, canaux et autres ouvrages publics. »

Il peut y avoir une double origine dans les torts et dommages qui peuvent résulter pour les propriétés de l'exercice des travaux publics. Ces torts et dommages peuvent prendre leur source, soit dans le fait de l'administration qui, dans les limites de son droit, porte

[1] N° 706.

atteinte à la propriété des particuliers, soit dans les fautes émanées des entrepreneurs dans l'exécution des travaux. Dans le premier cas, l'indemnité repose non pas sur le principe de l'art. 1382, mais sur le pouvoir que possède l'administration dans un but d'intérêt général de disposer dans certains cas, et suivant certaines conditions, des propriétés, pouvoir basé sur la liberté et la rapidité d'action que doivent avoir les actes administratifs, choses inconciliables avec les formalités lentes et compliquées des procès ordinaires[1]. Dans le second cas, l'art. 1382 devient réglementaire, ce n'est plus, comme dans le cas précédent, un préjudice causé légalement en vertu d'une autorisation de l'administration, c'est un dommage commis illégalement; c'est par suite du principe de la séparation des pouvoirs que les tribunaux administratifs sont compétents; toutefois ils ne le sont que lorsque les fautes commises par les agents de l'administration ou les entrepreneurs ont eu lieu dans l'exécution de leurs travaux et dans les bornes de leurs pouvoirs; c'est dire que les tribunaux civils ou les tribunaux répressifs connaîtraient des actes étrangers au mandat reçu par l'autorité supérieure, ou de faits qui, tout en se rattachant à leurs fonctions, ont été accomplis par eux sans l'observation des règlements auxquels ils étaient soumis[2]. Ainsi, en principe, outre cette exception, l'action tendante à rendre l'État responsable du fait d'un de ses agents, de même que l'action en réparation du dommage qui serait attribué à la négligence, au fait personnel de l'entrepreneur, sont du ressort des tribunaux administratifs seuls; nous

[1] M. Dufour, *Tr. de dr. adm.*, t. 4, n° 2875.
[2] Ordonn. du cons. d'État, 30 août 1842, S., 43, 2, 43.

disions que cette distinction résultait à juste titre de la séparation des pouvoirs; car si les tribunaux civils avaient pu connaître des faits de négligence ou d'imprudence des entrepreneurs dans l'exécution de leurs travaux, ils auraient contrôlé les actes de l'autorité administrative, auraient entraîné les lenteurs de notre procédure civile, et se seraient aussi mis en opposition avec le principe de la séparation.

L'art. 4 de la loi de pluviôse se sert de ces mots : « torts et dommages procédant du fait personnel des entrepreneurs de travaux publics. » Ces torts peuvent résulter en général: 1° De travaux mal exécutés; 2° d'une imprudence ou d'une négligence de l'entrepreneur; 3° des fautes des ouvriers de l'entrepreneur. La loi ne parle que du dommage causé par le fait des entrepreneurs, aussi a-t-il été décidé que l'action en réparation du préjudice causé aux entrepreneurs par le fait des particuliers, rentre dans la compétence des tribunaux civils[1]. Malgré les termes restrictifs de l'art. 4, on entend par entrepreneurs tous les concessionnaires et détenteurs des ouvrages de travaux publics, et on a toujours décidé que les tribunaux administratifs étaient compétents pour les indemnités dues en matière de travaux publics, peu importe qu'elles fussent réclamées à raison du fait personnel des entrepreneurs, ou à raison du fait direct de l'administration. On a compris qu'il serait absurde de supposer que la loi ait voulu donner un privilége à l'entrepreneur seul et non pas à l'administration, lorsqu'en définitive il est bien plus rationnel de croire que le privilége de l'entrepreneur n'est donné qu'en considération de l'État; dans l'un et dans

[1] Ordonn. du cons. d'État, 10 déc. 1846, S., 47, 2, 187.

l'autre cas, la compétence des tribunaux administratifs a son principe dans des considérations d'urgence et d'intérêt public devant lesquelles ont dû disparaître les garanties de ia justice ordinaire. L'État toutefois, on le comprend facilement, ne peut être actionné qu'à raison des faits d'autrui; mais les principes sont les mêmes, que la responsabilité soit directe ou indirecte; nous ne donnerons d'ailleurs qu'un aperçu de ces notions qui ne rentrent qu'accessoirement dans notre sujet [1].

Si le dommage prend sa source dans la nature des ouvrages arrêtés par l'administration, cette dernière et non l'entrepreneur est responsable; si, d'un autre côté, l'entrepreneur rend illusoire les poursuites qui sont dirigées contre lui par suite de son insolvabilité, on agira en garantie contre l'administration; enfin l'administration sera responsable des dommages survenus par suite de travaux exécutés sous ses ordres immédiats; dans tous ces cas, la compétence est celle des tribunaux administratifs [2], soit qu'il s'agisse de dommages temporaires, soit qu'il s'agisse de dommages permanents [3]: l'expropriation, soit partielle, soit totale, rentre seule dans la juridiction des tribunaux civils.

Nous ne parlerons pas de la preuve en matière de quasi-délits : il suffira de se reporter aux développements que nous avons donnés au chap. VIII du tit. Ier. Les règles pour l'extinction de l'action en responsabilité sont les mêmes, qu'il s'agisse de quasi-délits ou de délits civils, nous ne reviendrons donc pas non plus sur ce sujet.

[1] M. Sourdat, no 722.
[2] Art. 4, l. du 28 pluv. an VIII; art. 48 et suiv.; l. du 16 sept. 1807.
[3] Ordonn. du cons. d'État, 24 févr. 1842, S., 42, 2, 276; 21 août 1845, S., 46, 2, 92; Cass., 29 mars 1852, D. P., 190.

Nous arrêterons ici nos développements sur l'étude de la responsabilité personnelle en matière de quasi-délits : nous ne parlerons nullement de la responsabilité des administrations, des fonctionnaires, des officiers publics : c'est un travail trop étendu, et qui, à lui seul, pourrait largement fournir le sujet d'une thèse ; ce sont des points intéressants du droit qui méritent d'être étudiés à fond, et quand on ne peut que développer fort superficiellement quelques principes généraux, il vaut mieux ne pas en parler.

Deuxième partie.

RESPONSABILITÉ A RAISON DU FAIT D'AUTRUI.

TITRE PREMIER.

GÉNÉRALITÉS.

Le principe de la personnalité des fautes est reconnu comme un des premiers principes de toute société : la loi romaine l'avait déjà proclamé, aujourd'hui toutes les législations sont d'accord sur ce point ; la nôtre le pose nettement, quoique implicitement, dans les art. 1382 et 1383.

Malgré cette règle fondamentale, il peut se trouver des circonstances où on doit avec raison être responsable du fait d'autrui. L'art. 1384 les énumère : cet article, d'une justice et d'une sagesse incontestables, n'est en quelque sorte pas en dérogation avec le principe posé plus haut, en ce sens qu'on devait veiller sur les personnes dont parle l'art. 1384 ; que dès lors, si la surveillance qui était imposée n'a pas été remplie, il y a négligence ou imprudence, c'est quasi-délit. Toutefois il est vrai de dire que, d'abord, la réparation se mesure bien plus sur le dommage causé que sur la personnalité de l'acte; qu'ensuite, la responsabilité peut avoir lieu bien qu'il n'y ait ni négligence ni imprudence de la part de la personne civilement responsable, en ce sens qu'elle peut résulter d'une simple présomption.

Les questions qui se présenteront seront souvent fort délicates; dans leur solution il ne faudra pas perdre de vue que la loi qui fait tomber sur un tiers la responsabilité d'un fait qui n'est pas le sien, est une loi d'exception, et qu'elle doit être sinon restreinte plutôt qu'étendue, du moins contenue dans les limites d'une rigoureuse application ; *exceptio est strictissimæ interpretationis*, dit le droit romain; ici, plus que partout ailleurs, cette règle doit être appliquée sous peine de tomber dans l'arbitraire et de faire peser la responsabilité sur des personnes que la loi n'a pas désignées[1]; il a été jugé dernièrement: que l'énumération de l'art. 1384 est limitative, et qu'ainsi les oncles et les tantes ne répondent pas civilement du dommage causé par leurs neveux et nièces habitant avec eux[2].

La responsabilité civile, à raison du fait d'autrui, peut naître, soit d'une convention tacite, soit d'une convention expresse, soit de la loi seule : 1° d'une convention tacite; ainsi, l'entrepreneur qui conclut un marché à prix fait avec un propriétaire, répond des fautes des ouvriers qu'il emploie; ainsi, le mandataire répond de celui qu'il s'est substitué sans en avoir reçu le pouvoir (C. civ., art. 1994); 2° d'une convention expresse, par exemple, le cautionnement, il y a là responsabilité du fait d'autrui,

[1] MM. Aubry et Rau, t. 3, p. 557.
[2] Cass., 24 mai 1855. aff. Michel, 1. 426.

puisque la caution s'engage à satisfaire à l'obligation du
créancier, si le débiteur n'y satisfait pas lui-même, mais
cette responsabilité est bien plus restreinte, quant à sa
nature et quant à son étendue, que celle dérivant des
délits ou des quasi-délits ; 3° de la loi : ce sont les hy-
pothèses prévues par l'art. 1384 ; nous ne pouvons
que répéter ce que nous avons déjà dit, c'est-à-dire que
l'induction et l'analogie ne sont pas permises, que nous
sommes ici en matière d'exception, et que nous devons
nous renfermer strictement dans les limites posées par
le législateur.

Ces principes établis, il reste à examiner quelques
questions ; d'abord celle de savoir si la personne qui a
exécuté les condamnations prononcées contre elle, en
tant que civilement responsable, a un recours contre
l'agent immédiat du dommage. Si l'agent ne peut répondre de ses actes, le recours contre l'auteur du dommage est impossible, la présomption de faute existe
contre la personne civilement responsable, elle seule
doit être condamnée. Si l'agent peut répondre de ses
actes, il faut distinguer : le dommage est-il le résultat
du fait seul et exclusif de l'agent, le recours peut s'exercer ; la précaution de l'art. 1384 n'est prise qu'en faveur des tiers pour les assurer de la réparation complète
d'un dommage qui résulte de l'imprudence des commettants, du mauvais choix des préposés par exemple ;
indemnité complète envers celui qui, sans aucune faute
de sa part, sans avoir pu prévoir le mal, a éprouvé un
préjudice ; voilà ce qu'à voulu le législateur. Mais dire
que, dans la personne civilement responsable, il a donné
à l'improbité, à la mauvaise foi, à la négligence un
asile dans lequel l'agent du dommage devient inviolable,

c'est aller trop loin; ce serait assurer l'impunité à des coupables, mesure que certes le Code n'a pas voulu sanctionner. D'ailleurs, l'art. 8 du tit. II de la loi du 28 septembre 1791 portait : « Les domestiques, ouvriers, voituriers et autres subordonnés seront à leur tour responsables de leurs délits envers ceux qui les emploient. » S'il n'a pas été parlé du recours des pères, mères et tuteurs contre leurs enfants et pupilles, c'est que les pères, mères et tuteurs ne sont pas responsables lorsqu'ils prouvent qu'ils n'ont pu empêcher le fait qui donne lieu à la responsabilité; mais, lorsque la faute est commune, le recours existe; il suffit de lire, pour s'en convaincre, les art. 206 du Code forestier, et 28 de la loi du 3 mai 1844[1].

Si le dommage est le résultat d'une faute commune aux deux parties, les tribunaux pourront répartir le paiement de l'indemnité proportionnellement à la faute de chacune, sauf bien entendu à la personne civilement responsable à être tenue pour le tout vis-à-vis des tiers; mais, si le jugement avait simplement condamné la personne civilement responsable, rien ne s'opposerait à ce que cette dernière n'exerçât son recours contre l'auteur du dommage.

Si l'agent prouve que les ordres qui lui avaient été donnés ont été ponctuellement exécutés, qu'il n'est pas sorti des limites tracées par les instructions qu'il avait reçues, et si néanmoins un dommage a été commis, alors il est facile de comprendre que le maître seul est responsable; l'agent n'est, en définitive, qu'une sorte de machine sans volonté qui a exécuté fidèlement ce qu'on

---

[1] M. Sourdat, n° 770; Toullier, t. 11, n° 271; MM. Aubry et Rau, t. 3, p. 566.

lui avait dit, et l'imprudence ou la négligence remonte
nécessairement à celui qui a donné ces mêmes ordres.
Ainsi, un ouvrier, un apprenti surtout, n'est la plupart
du temps que l'instrument passif de celui qui l'emploie;
on lui ordonne une chose, il ne discute pas, il exécute;
qu'un dommage en résulte, il sera exempt de responsabilité; ce que nous venons de dire de l'ouvrier s'ap-
pliquerait à un domestique à l'égard d'ordres reçus par
son maître, dont il n'aura pu prévoir les conséquences.
En matière forestière, le recours contre les ouvriers n'est
pas possible dans certains cas, tout justement par ce
même motif qu'on leur a donné un ordre dont ils sont
censés ne pas avoir compris la portée. « Tels sont, dit
M. Meaume, les délits qui résultent, non d'une infraction à la loi, mais d'une contravention au cahier des
charges, dont les conditions ne sont pas censées connues des ouvriers de l'exploitation [1].»

L'action en responsabilité, à raison du fait d'autrui,
se donne comme toute action civile contre les héritiers
de la personne civilement responsable [2].

TITRE DEUXIÈME.

ÉTENDUE ET NATURE DE LA RESPONSABILITÉ.

L'action en responsabilité du fait d'autrui est de sa
nature purement civile, elle ne peut jamais donner lieu
qu'à des indemnités pécuniaires, les peines étant essentiellement personnelles [3].

La jurisprudence, d'accord avec les auteurs, décide
qu'un maître, par exemple, ne peut être condamné pour

[1] Code. forest., n° 1426.
[2] MM. Chauveau Hélie, t. 2, p. 300; Sourdat, n° 775.
[3] Merlin, *Rép.*, *Resp. civ. des délits*, § 8; Toullier, t. 11, n° 289.

une contravention que son domestique a commise[1]; que, si un berger est puni d'une amende et de dommages-intérêts, pour avoir laissé paître ses moutons sur un pré appartenant à autrui, le maître ne doit que les dommages-intérêts représentatifs du dommage causé par le troupeau, «attendu, porte l'arrêt, que Martin (le propriétaire du troupeau) qui n'avait commis ni crime ni contravention, et qui n'était que responsable du dommage causé par son troupeau, n'a pu être condamné à l'amende, sans qu'il y eût violation manifeste des principes et des lois sur la responsabilité civile, casse[2].» On voit par ce dernier arrêt, et bien d'autres le confirment, que l'amende étant une peine, la personne civilement responsable ne peut en être tenue. Tel est le principe général, soumis toutefois à des exceptions assez nombreuses, parmi lesquelles on peut citer l'art. 20 du tit. XIII de la loi du 22 août 1791, qui déclare que : «les propriétaires des marchandises seront responsables civilement du fait de leurs facteurs, agents, serviteurs et domestiques, en ce qui concerne les droits, confiscations, amendes et dépens;» l'art. 20 de la loi du 9 juillet 1836, qui rend les propriétaires des bâtiments, bateaux et trains, responsables des amendes résultant des contraventions commises par les bateliers et les conducteurs; l'art. 13 de la loi du 30 mai 1851, qui déclare les propriétaires de voitures passibles de l'amende encourue par les conducteurs; les art. 6, 28, 45, 46 du Code forestier, qui, malgré l'art. 206 et la discussion du projet de loi, étendent l'amende aux personnes qui sont tenues de répondre pour autrui[3].

[1] Cass., 9 juin 1832, D. P., 33, 1, 86.
[2] Cass., 30 juillet 1823, aff. Martin: Dalloz. *Resp.*, n° 505.
[3] Art. 59, déc. 6 juillet 1810; art. 27 du déc. 18 août 1810; art. 20, t. 13, l. des 6 et 22 août 1791; art. 1 et 2, l. 15 ventôse an XIII.

En matière de chasse, on s'est demandé si la confiscation de l'arme pouvait atteindre les personnes civilement responsables? Nous ne le croyons pas; pour que la confiscation puisse être considérée comme une réparation civile, il faudrait évidemment que le législateur l'ait entendu ainsi; or, l'art. 16 de la loi du 3 mai 1844 ne laisse voir aucune disposition semblable ; si la confiscation peut se convertir en une certaine somme à payer, ce ne sont pas là des dommages-intérêts, c'est une réparation envers l'État, c'est une amende, c'est une peine. Comment ne pas décider ainsi après ces paroles de M. Genoux à la Chambre des députés, lors de la discussion de la loi : « Qu'est-ce que la confiscation de l'arme dont le condamné n'est pas obligé de se dessaisir? Rien autre chose qu'une nouvelle condamnation pécuniaire, qu'une nouvelle amende, accessoire de l'amende principale. » La confiscation de l'arme ou le paiement de sa valeur est donc une véritable peine qui ne fait plus dès lors partie des condamnations civiles dont doivent répondre les personnes civilement responsables [1].

Les propriétaires et commettants peuvent être punis de faits dont ils sont toujours présumés être cause, peu importe qu'en définitive ils y aient ou non coopéré : la responsabilité est en quelque sorte directe et personnelle. Ainsi, l'art. 7 de la loi du 30 mai 1851 porte que, lorsqu'une voiture circule sur la voie publique, si elle n'est pas munie d'une plaque indiquant l'adresse du propriétaire, ce dernier sera condamné à une amende de 6 à 10 fr. et le conducteur de 1 à 5 fr.

[1] Dalloz, *Resp.*, n° 314; M. Sourdat, n° 786; Grenoble, 16 février 1850, S., 230; Cass. rej., 6 juin 1850, S., 815, *Contra :* Grenoble, 20 déc. 1848, S., 49, 2, 665.

Quant aux règlements pour l'exploitation des chemins de fer, il faut consulter la loi du 15 juillet 1845 et l'ordonnance du 15 novembre 1846. En vertu des art. 12 et 14 de la loi, une amende de 300 à 3000 fr. est infligée pour toute contravention aux clauses du cahier des charges et aux décisions rendues en interprétation de ces clauses, lorsqu'elles sont relatives au service et à la viabilité des routes; les administrations sont passibles directement de ces peines. Mais si c'est par imprudence ou inobservation des règlements qu'un préposé cause un dommage, les administrations seront responsables, non plus directement, mais seulement à raison du fait d'autrui[1].

Les exceptions au principe de la personnalité des peines ne s'appliquent pas à l'État, qui ne peut jamais être déclarée responsable que de condamnations purement civiles.

Les personnes civilement responsables sont tenues des frais; l'art. 194 du Code d'instruction criminelle porte : « Tout jugement de condamnation rendu contre le prévenu et contre les personnes civilement responsables du délit, ou contre la partie civile, les condamnera aux frais, même envers la partie publique. » Les dépens ne sont pas une peine comme l'amende; s'ils restaient à la charge de la partie lésée, la réparation ne serait pas complète, il est plus juste qu'ils soient supportés par la personne qui a été condamnée; ils sont, en effet, l'accessoire de la faute qui a entraîné la condamnation. Lorsqu'on alloue à la partie lésée, pour tous dommages-intérêts, les frais de l'instance, la personne civilement responsable devra en être tenue; les

_____
[1] M. Cotelle, *Tr. des proc. verb. en mat. adm.*, p. 368.

magistrats, en condamnant aux dépens pour tous dommages-intérêts, disent au demandeur : Ce que vous alléguez n'est pas suffisamment prouvé ; je ne vous accorde pas les indemnités réclamées dans vos conclusions, mais je vous alloue le remboursement strict de vos déboursés. La partie lésée a donc valablement intentée son action ; elle n'a pas succombé dans son procès, *or nemo læedere videtur qui suo jure utitur* [1]. S'il n'y a pas de partie civile, si l'État la représente, les frais sont un préjudice pour le Trésor public ; ils ont un caractère de dommages-intérêts, puisque la Cour suprême répute l'État partie civile à l'égard des dépens [2].

Le préjudice causé doit être réparé en entier ; la faute existe, la réparation doit être complète, peu importe que ce soit l'agent du dommage ou la personne civilement responsable qui en soit tenue ; il y a contre cette dernière une présomption légale qui n'admet la preuve contraire que dans des cas qui doivent se présenter rarement.

La personne civilement responsable peut être condamnée solidairement : cela résulte des principes développés au chap. IV du tit. Ier de la première partie [3]. *Quid* de la contrainte par corps ? Elle n'a pas lieu de plein droit ; si l'art. 46 du Code forestier déclare les cautions contraignables par corps, c'est là une exception relative aux seuls adjudicataires et à leurs cautions ; l'art. 206 du même Code porte, au contraire, que les personnes civilement responsables ne seront jamais soumises à la contrainte par corps ; l'art. 28 de

[1] M. Chauveau Hélie, t. 2, p. 300 ; Dalloz. *Resp.*, no 521.
[2] Cass., 13 déc. 1856, D P., 57, 1, 75.
[3] M. Sourdat, no 795 ; Dalloz. *Resp.*, no 526.

la loi de 1844 sur la chasse dispose de même. Quant au droit commun, malgré l'opinion de M. Carnot[1], qui voudrait voir, dans la généralité des termes de l'art. 52, un argument suffisant pour décider contrairement à notre opinion, nous croyons que les art. 51 et 53 démontrent clairement que c'est l'auteur seul du fait incriminé qui est contraignable : c'est dans ce sens aussi que disposent les art. 33 et suiv. de la loi de 1832, qui ne parlent que du condamné; la responsabilité dont nous nous occupons doit être réglée d'après les principes du Code civil, puisque l'art. 74 du Code pénal renvoie aux art. 1382 et suiv. D'ailleurs, l'action en elle-même est purement civile, et, si les tribunaux de répression peuvent en connaître, c'est uniquement à cause de sa connexité avec l'action criminelle : ce seront donc les principes du Code civil qui régiront cette matière, et dès lors la contrainte par corps sera facultative, en vertu de l'art. 126 du Code de procédure[2].

Si l'action en responsabilité est poursuivie par la voie civile, qu'elle résulte d'un délit ou d'un quasi-délit, on devra suivre les règles ordinaires du Code de procédure. Mais s'il s'agit d'un délit, et que l'action soit portée devant les tribunaux de répression, il y aura concours des deux actions civile et publique; que devra faire la partie lésée? elle devra mettre en cause la personne civilement responsable et la traduire devant les mêmes juges que l'agent du dommage. Ce n'est pas là une obligation, c'est un moyen que la partie lésée fera toujours bien de prendre, sans quoi elle retomberait

[1] T. 4, art. 52, Cod. pén., n° 12.
[2] MM. Troplong, *Contr. par corps*, n° 623; Sourdat, n° 808; Cass., 3 juin 1843, S., 937.

dans de nouvelles procédures, dans de nouvelles ins-
tances, dans de nouvelles décisions qui pourraient lui
être moins favorables : car, au tribunal civil qui exami-
nerait de nouveau l'affaire, elle ne pourrait opposer
l'exception de chose jugée, la demande ne serait pas
entre les mêmes parties, et ces dernières n'auraient pas
les mêmes qualités ; une preuve légale ne peut jamais
résulter contre une personne d'un jugement rendu avec
un tiers[1] ; aussi a-t-il été jugé que le chiffre des dommages-intérêts prononcé au criminel contre un individu poursuivi pour crime ou délit, ne peut être opposé
à la partie civilement responsable, si elle n'a pas été
appelée au procès[2].

Quant à la question de savoir si l'on peut traduire
devant les tribunaux criminels la personne civilement
responsable, le Code la résout affirmativement pour les
contraventions par l'art. 145 du Code d'instruction
criminelle ; pour les délits, par les art. 182, 190 et 194
du même Code ; pour les crimes, par l'art. 74 du Code
pénal : aussi la Cour de cassation a-t-elle jugé que l'action en dommages-intérêts, dirigée contre la personne
civilement responsable d'un crime, dont l'auteur est
traduit devant la cour d'assises, peut être valablement
portée devant cette cour[3]. Il est évident que l'action des
tribunaux de répression n'a lieu que lorsque l'action
publique est en mouvement[4], mais, si cette dernière
se trouvait éteinte, les tribunaux civils seraient seuls
compétents.

[1] Dalloz, *Chose jugée*, nos 844 et suiv. ; M. Sourdat, no 798.
[2] C. Paris, 13 mai 1851, S., 359.
[3] Cass., 18 juin 1847, S., 783 ; 25 fév. 1848, S., 445.
[4] MM. Aubry et Rau, p. 856, note 37.

Cette solution admise par tous les auteurs, lorsqu'il s'agit de poursuites criminelles ou correctionnelles, a été combattue par M. Legraverend [1], et sanctionnée par la Cour de cassation, lorsqu'il s'agit de poursuites faites en matière de simple police : quoique les principes semblent devoir être les mêmes dans ce dernier cas, l'art. 145 y déroge cependant; il ne dit pas comme l'art. 182 : *au prévenu et à la personne civilement responsable*, il dit : *au prévenu ou à la personne civilement responsable;* c'est une alternative qu'a donnée le législateur, alternative nécessaire dans certains cas, car, si l'enfant, par exemple, est si jeune qu'il serait ridicule de voir en lui un prévenu, la personne responsable sera valablement citée seule.

L'action contre la personne civilement responsable s'éteint en même temps que l'action principale contre l'auteur du dommage : les mêmes règles régissent ces deux actions [2].

Elle se donne contre les héritiers de la personne civilement responsable, et peut être intentée soit par la partie lésée, soit par ceux qui la représentent légalement [3].

---

[1] T. 2. p. 272; Cass., 24 mars 1848, S., 49, 1, 384; *contra :* M. Sourdat, nos 800 et suiv.

[2] MM. Aubry et Rau, p. 556; Sourdat, no 809.

[3] Dalloz, *Resp.*, nos 535 et 536.

TITRE III.

DES DIVERS CAS DE RESPONSABILITÉ DU FAIT D'AUTRUI PRÉVUS PAR LA LOI.

CHAPITRE PREMIER.
RESPONSABILITÉ DES PÈRE ET MÈRE.

L'art. 1384 dispose que le père et, après son décès, la mère sont responsables du dommage causé par leurs enfants mineurs habitant avec eux; ils ne sont déchargés de cette responsabilité que lorsqu'ils prouvent qu'ils n'ont pu empêcher le fait qui y donne lieu.

Ce principe est basé sur les règles de la puissance paternelle : les père et mère doivent protéger leurs enfants, les défendre contre les obstacles, diriger leurs passions naissantes; par cela même que toute la direction domestique leur incombe, si une faute est commise par un enfant, et qu'il y ait négligence ou omission de la part du père, ce dernier devra être responsable, puisque, chargé par la nature et par la loi de veiller à tous les actes de son enfant, il n'a pas rempli assez exactement ses devoirs. Ce n'est pas seulement aux enfants légitimes que s'applique notre article, mais encore aux enfants naturels reconnus; la loi ne distingue pas et les raisons de décider sont les mêmes pour les uns que pour les autres [1].

L'art. 1384 ne rend les parents responsables que lorsque deux conditions se trouvent réunies : 1° habitation commune de l'enfant et des parents; 2° minorité de l'enfant.

---

[1] Duranton, t. 13, n° 714; MM. Aubry et Rau, t. 3, p. 880, Dalloz, *Resp.*, n° 560.

1° Habitation commune de l'enfant et des parents.
Cette règle est de toute justice, puisque c'est le défaut
de surveillance qu'on punit, et lorsque cette surveillance ne peut plus être exercée, la responsabilité n'a
plus de raison d'être. Toutefois ce raisonnement ne devrait pas être poussé trop loin ; il faut que l'enfant n'habite plus avec le père par un motif légitime : ainsi, si le
père laissait son fils habiter seul lorsqu'il a dix ou
douze ans, il est évident qu'il ne pourrait se retrancher
derrière l'exception de l'art. 1384, qu'il aurait commis
une faute grave en laissant sans direction un enfant de
cet âge, et que, si un préjudice a été causé, il devra par
conséquent le réparer[1]. Le père serait responsable,
quand bien même l'enfant aurait un précepteur, ce
dernier n'a en quelque sorte qu'une surveillance accessoire, relative plutôt à l'éducation ; au père seul appartient vis-à-vis des tiers la réparation d'un dommage qui
résulterait bien plutôt de son fait, à lui qui a la haute
direction, que du fait du précepteur qui est lui-même
sous sa surveillance ; toutefois, le père aurait un recours contre le maître, si ce dernier était principalement en faute[2]. Si l'enfant est placé à demeure, soit
chez des artisans comme apprenti, soit dans des maisons
d'éducation comme élève, la responsabilité du père ces-
sera : il a délégué son pouvoir en plaçant son enfant
chez des personnes en qui il a confiance, et qui seules
désormais peuvent le surveiller ; d'ailleurs, l'art. 1384
est formel et veut qu'il habite avec ses parents. Toutefois, l'art. 79 du décret du 15 novembre 1811 porte
que, lorsqu'un délit a été commis par un élève au de-

---

[1] MM. Aubry et Rau, p. 549, note 2.
[2] MM. Aubry et Rau, p. 549 ; Cass., 28 déc. 1855, D. P., 56, 1, 208.

hors dans les sorties et promenades faites en commun, le chef d'institution est responsable, sauf son recours contre les père, mère ou tuteur, en établissant qu'il n'a pas dépendu des maîtres d'empêcher le délit. Il y a là, malgré l'opinion de M. Sourdat, une exception au principe de l'art. 1384, exception que les juges doivent appliquer, puisqu'il est de principe que les décrets impériaux qui n'ont pas été déclarés inconstitutionnels par le Sénat, ont force de loi [1].

2° *Minorité de l'enfant.* L'enfant majeur est en effet seul responsable de ses actes, il a toute faculté d'agir, il n'est plus sous puissance paternelle, droit sur lequel est basé la responsabilité des père et mère.

Une question controversée est celle de savoir s'il y a lieu de distinguer, quant à la responsabilité des parents, entre le cas où l'enfant est incapable de discernement, et celui où, au contraire, il sait ce qu'il fait, il agit en connaissance de cause. Toullier [2] croit, contrairement à l'opinion presque unanime des auteurs, que le père n'est pas responsable du dommage causé par un enfant sans discernement; il prétend que l'obligation principale faisant défaut, puisque l'enfant agissait sans discernement, il n'y a pas imputabilité, l'obligation accessoire tombe *a fortiori.* On ne peut admettre une semblable doctrine: si, dans la coutume de Bretagne, il en était ainsi, c'est parce que, comme le dit lui-même Toullier, elle s'était montrée trop rigoureuse à l'égard du père, qu'elle rendait responsable quand bien même il ne pouvait prévoir ni empêcher le dommage: le principe étant trop absolu, on avait cherché à le

[1] MM. Aubry et Rau, p. 550, note 6; *contra :* M. Sourdat, n° 819.
[2] T. 11, n° 270.

restreindre. Mais aujourd'hui rien ne prouve que les rédacteurs du Code aient adopté ce système, puisqu'ils ont changé ce que la coutume de Bretagne avait de trop exclusif, en ne rendant pas le père responsable d'un fait qu'il ne pouvait empêcher. D'ailleurs, l'esprit et le texte de la loi sont d'accord sur ce point. Comment, le père ne devrait pas répondre des fautes de son fils lorsque celui-ci n'a pas conscience de ses actes; mais toutes les règles du Code prouvent le contraire. L'art. 1384 n'est-il pas fondé sur le peu de garantie qu'offrent les enfants, et le cas qui nous occupe ne prouve-t-il pas la sagesse de cette disposition ? L'obligation de surveillance ne doit-elle pas être plus active en proportion de la faiblesse de l'enfant ? c'est tout justement lorsqu'il n'a pas conscience de ses actes; lorsqu'il ne peut agir sans le secours de ses parents, que leurs soins doivent être plus actifs. Cette surveillance qui doit être le premier instinct du père d'après les règles de la nature, la loi l'a sanctionnée comme le premier devoir. La faute n'est pas imputable à l'enfant, c'est vrai, mais elle est imputable au père, en ce sens qu'il a failli à une obligation légale. L'homme est responsable du fait d'un animal et il ne le serait pas du fait de son fils, dont la raison n'est pas encore développée? Les mêmes principes ont réglé ces deux cas; décider autrement dans le premier que dans le second, serait consacrer arbitrairement un contre-sens que le législateur n'a pas pu faire.

D'ailleurs, c'est là un grand bien pour la société, que cette règle telle que nous l'entendons; les parents restent trop souvent sourds aux plus vulgaires instincts de la nature; trop souvent l'avantage reste à l'espèce animale sur l'espèce humaine ; c'est chez l'animal qui élève ses petits une lutte de tous les jours contre les accidents qui peuvent arriver, un courage admirable lorsqu'il s'agit de les défendre contre un danger, une tendresse de tous les instants, jusqu'au moment où ils peuvent agir par eux-mêmes, sans le secours de ceux dont la sollicitude les a toujours protégés. En pourrait-on dire autant de tous les pères et de toutes les mères? malheureusement non. Et cependant, ce qui est un instinct chez les animaux doit être aussi un chez l'homme; si parfois cet instinct fait défaut, ce n'est n'est pas parce qu'il n'a pas existé, c'est parce que la mauvaise éducation, les mauvaises passions l'ont annihilé; aussi de ce qui est une règle primitive aux yeux de la loi naturelle, le législateur a dû en faire un devoir social, une obligation civile [1].

Toullier embrasse encore une opinion contraire à la vérité lorsqu'il décide que l'émancipation met toujours fin à la responsabilité du père, par le motif que cette responsabilité est basée sur la seule puissance paternelle. Nous croyons qu'il y a lieu de distinguer entre le cas où l'émancipation est volontaire et celui où elle est forcée. Dans le premier cas, si l'enfant habite avec son père, ce dernier doit encore le surveiller, et ne pas le livrer à ses seules inspirations ; il doit répondre du dommage causé, parce que l'enfant prouve par cette faute qu'il commet que son père l'a émancipé à tort, puisque aussitôt qu'il a été en jouissance de sa liberté, il s'en est servi pour faire le mal. Dans le deuxième

[1] Duranton, t. 13, n° 717; Dalloz, *Resp.*, n° 564; M. Sourdat, n° 824 et suiv.; C. Nîmes, 13 mars 1855, D. P., 161; C. de Lyon, 30 mars 1854, D. P., 55, 2, 1.

cas, c'est-à-dire lorsque le mariage a émancipé l'enfant, il en est différemment; l'âge est d'abord plus avancé, ensuite le mariage établit une indépendance incontestablement plus grande que l'émancipation. D'ailleurs, les art. 206 du Code forestier et 28 de la loi sur la chasse, en portant formellement que la responsabilité des père et mère existe pour la faute de leurs enfants mineurs et *non mariés*, prouvent notre théorie, en ce que, d'un côté, si l'émancipation avait dans tous les cas détruit la responsabilité, la loi aurait dit: les enfants mineurs et non émancipés, et que, d'un autre côté, en parlant des mineurs non mariés, elle excepte les mineurs mariés; c'est dans ce cas surtout qu'on peut appliquer l'adage: *qui dicit de uno negat de altero*[1].

L'enfant une fois majeur, demeurât-il chez ses parents, est responsable de ses actes; mais en sera-t-il encore ainsi lorsqu'il sera en démence et que l'interdiction n'aura pas été prononcée? Quoique la responsabilité du fait d'autrui soit une matière d'exception, nous n'hésitons pas à croire que les père et mère doivent être responsables: l'art. 1384, en effet, déclare que l'on est responsable du dommage causé par le fait des personnes dont on doit répondre: or, l'art. 475, n° 7, du Code pénal punit d'une amende de 6 à 10 fr. ceux qui auront laissé divaguer les fous et les furieux qui sont sous leur garde. La loi a voulu prévenir un danger, en tout cas, punir la divagation de l'aliéné dans la personne sous la garde de laquelle il est placé[2].

---

[1] MM. Aubry et Rau, p. 549 et les notes 3 et 4; Duranton, n° 715, t. 13 ; Dalloz, *Resp.*, n° 563. *Contra :* Toullier, t. 11, n° 877.

[2] Marcadé, art. 1383, t. 1. *Contra :* M. Sourdat, Caen, 2 déc. 1853, D. P. 55. 2. 117.

D'après l'art. 1384, la mère peut être déclarée responsable, lorsque le père est mort : il est des cas toutefois où la responsabilité de ce dernier cesse, bien qu'il ne soit pas décédé. On doit décider ainsi : 1° lorsque le père est absent, la loi donnant à la mère la surveillance des enfants, aux termes de l'art. 141 du Code civil; 2° lorsqu'il est interdit, soit pour cause de démence, soit par suite d'une condamnation criminelle, pendant tout le temps de l'interdiction; 3° lorsqu'il subit une condamnation, soit au bannissement, soit à l'emprisonnement, puisque, pendant la durée de sa peine, il n'habite pas avec ses enfants, et, par suite, la surveillance lui est impossible; 4° lorsqu'il aura excité, favorisé ou facilité la prostitution ou la corruption de ses enfants, puisqu'il est privé des droits et avantages de la puissance paternelle aux termes de l'art. 335 du Code pénal; 5° lorsqu'il aura été déclaré séparé de corps et que l'enfant ne lui aura pas été confié, car, quoiqu'il conserve, en vertu de l'art. 303 du Code civil, le droit de surveiller son enfant, il est évident qu'il ne se trouve plus dans les conditions exigées par la loi pour qu'il puisse être déclaré responsable : sa surveillance est générale et non pas de tous les jours, d'ailleurs, l'enfant n'habite plus avec lui[1].

L'art. 1384 déclare que la responsabilité existe à moins que les père et mère ne prouvent qu'ils n'ont pu empêcher le fait qui donne lieu à cette responsabilité. C'est là un tempérament à une règle qui aurait été sans cela trop absolue, trop exclusive : la loi sage, modératrice des obligations de chacun, a dit aux parents : si

---

[1] Dalloz, *Resp.*, n° 574; M. Sourdat, n° 830.

vous avez suivi toutes les règles de la prudence humaine, vous n'êtes évidemment pas en faute, on ne peut exiger que vous répondiez d'événements qui échappent à toute prévoyance : une présomption de faute s'élève toujours contre vous, mais cette présomption tombera si vous prouvez que vous avez fait ce que vous pouviez humainement faire pour empêcher le dommage qui a été causé ; on ne vous demande que de suivre les règles de la plus stricte surveillance, que d'accomplir le plus consciencieusement possible les devoirs que la nature et la loi vous imposent. On comprend toutefois sur quel terrain difficile les juges doivent se trouver lorsqu'ils ont à trancher des questions que les faits modifient si souvent ; nous allons essayer toutefois de poser quelques règles.

Il ne suffit pas que le père justifie de l'impossibilité matérielle et immédiate dans laquelle il a été d'empêcher le fait dommageable[1]. Ainsi, s'il laisse une arme à feu chargée à portée de ses enfants, quand bien même il serait absent, si son fils, en jouant, se saisit de cette arme, la tire et blesse quelqu'un, la responsabilité de l'art. 1384 sera de droit encourue[2]. Cet exemple prouve que l'absence n'est pas toujours une cause d'excuse, mais le père pourrait l'invoquer dans certains cas, par exemple : si un fils mineur s'était battu en duel et avait blessé son adversaire, lorsque le père avait ignoré le duel et sa cause, et que, par conséquent, il n'avait pas dépendu de lui de l'empêcher[3]. Pour que la responsa-

---

[1] Toullier, t. 11, n°ˢ 263 et suiv.; MM. Aubry et Rau, t. 3, p. 550; Sourdat, n° 833.

[2] Cass., 28 fév. 1843, Dalloz, *Resp.*, n° 580.

[3] Toulouse, 7 déc. 1832, D. P., 33, 2, 146.

bilité n'incombe pas sur le père, il faut qu'il n'ait ni faute ni imprudence à se reprocher, qu'il soit en tous points à l'abri du blâme. Ainsi, s'il donne à son fils une instruction, une éducation en rapport avec sa position, s'il cherche, en tant qu'il est en son pouvoir, à développer ses bons instincts, s'il ne lui laisse que la liberté qui convient à son âge, si enfin il est dans l'impossibilité, soit morale, soit physique, d'empêcher le mal, il y aurait injustice à le déclarer responsable de ce qu'il a tout fait pour empêcher.

En vertu de l'art. 1384, lorsque la partie lésée aura prouvé le préjudice qui lui aura été causé, si le père, actionné comme civilement responsable, veut se décharger de sa responsabilité, il devra de son côté faire la preuve qu'il n'était pas en son pouvoir d'empêcher le fait dommageable. La condamnation prononcée contre le père ne l'empêche pas d'exercer son recours contre son fils, s'il y a lieu; alors le père pourra prélever à la majorité de son fils, par exemple : s'il lui rend des comptes de tutelle, la somme pour laquelle le recours était valable. Quant à l'opportunité et à la quotité du recours, on devra suivre les règles ordinaires.

L'art. 1384 ne parle pas de la responsabilité du tuteur, et cependant il se trouve à peu près dans la même position que les père et mère; comme eux, il a la surveillance de la personne du pupille; comme eux, il peut exercer, dans des cas graves, le droit de correction : aussi doit-on le placer, quant à la responsabilité, sur la même ligne que les père et mère. D'ailleurs, les lois spéciales assimilent les tuteurs aux parents; il suffit de lire, pour s'en convaincre, les art. 7, tit. II de la loi du

6 octobre 1791, 206 du Code forestier et 28 de la loi du 3 mai 1844[1].

CHAPITRE II.

RESPONSABILITÉ DU MARI AU SUJET DES ACTES DE LA FEMME.

La puissance du mari sur sa femme est bien moins large que celle du père sur ses enfants : le mari doit seulement aide et protection à sa femme, il n'est pas tenu envers elle d'une surveillance active, ses devoirs touchent à un ordre de choses plus élevé ; aussi n'est-il pas étonnant que le législateur ne lui ait pas imposé une responsabilité semblable à celle des père et mère. L'art. 1384, en effet, dans son énumération des personnes qui doivent répondre du dommage causé par autrui, ne comprend pas les maris à l'égard des femmes : l'art. 1424 lève d'ailleurs tous les doutes, en déclarant que les amendes encourues par la femme ne peuvent s'exécuter que sur la nue propriété de ses biens personnels, tant que dure la communauté. Ce qui est dit des amendes s'applique par la même raison aux dommages-intérêts : cette conséquence découle du principe que la femme ne peut seule engager la communauté par des actes licites ; elle ne peut donc, à plus forte raison, l'obliger par des délits ou des quasi-délits[2].

Certaines lois spéciales dérogent à cette générale : tel est l'art. 7 du tit. II de la loi du 6 octobre 1791, qui impose formellement au mari, en matière de délit ru-

---

[1] Pothier, *Obl.*, t. 1, n° 121 ; MM. Aubry et Rau, t. 3, p. 550 et la note 10 ; Dalloz, *Resp.*, n° 591 ; Sourdat, n° 843.

[2] Denizart, *Communauté*, § 9, n° 16 et 17 ; Merlin, *Rép.*, *Délit*, § 8 ; Toullier, t. 11, n° 279 ; MM. Chauveau Hélie, t. 2, p. 296 ; Troplong, *Cont. de mar.*, n° 919 ; Sourdat, n° 848.

ral, de répondre du fait de sa femme; « l'intérêt de l'agriculture et la nécessité de prévenir des délits qui sont plus difficiles à constater dans l'isolement de la campagne motivent, dit M. Sourdat, cette dérogation au droit commun[1]; » tels sont les art. 206 du Code forestier et 74 de la loi du 15 avril 1829, qui assimilent les maris aux pères, maîtres et commettants, en leur appliquant les dispositions de l'art. 1384.

Lorsque la femme agit comme préposée du mari, il est juste de dire qu'elle engage la communauté, et par conséquent le mari; mais si ce dernier est responsable, ce n'est pas en qualité de mari, c'est en qualité de commettant.

On doit suivre, pour le paiement des dommages-intérêts, les règles ordinaires : si la femme est responsable, le créancier peut saisir la nue propriété de ses propres, ou attendre la dissolution de la communauté et se faire payer sur la part qui doit lui revenir : si le mari est responsable, il peut être immédiatement poursuivi par le créancier, tant sur les biens de la communauté que sur les biens propres de chaque époux.

Il est des circonstances, toutefois, où le mari peut être déclaré responsable, quoique ce ne soit pas par le fait de la loi. Ainsi, si la femme avait commis un vol de bois de chauffage dont la communauté a profité, la communauté et le mari seront tenus jusqu'à concurrence du profit qu'ils en auront tiré. De même si, dans un procès relatif à un fait exclusif à la femme, en cas de quasi-délit, par exemple, le mari intervenait, ce dernier et la communauté seraient tenus. Si le mari

______
[1] N° 853.

donnait seulement son autorisation, il faudrait distinguer : le mari et la communauté seront responsables lorsque l'issue du procès pourra profiter à l'un ou à l'autre, et dans ce cas seulement ; car, si le procès ne devait profiter exclusivement qu'à la femme, on pourrait dire avec Tronchet sur les art. 218 et 219 : « En pareil cas, l'autorisation n'est qu'une formalité exigée comme hommage à la puissance maritale ; fût-elle même une approbation, l'approbateur étant désintéressé ne saurait s'en trouver plus compromis que le conseil ou le curateur qui autorise une commune ou son pupille à plaider. »

CHAPITRE III.

RESPONSABILITÉ DES INSTITUTEURS ET ARTISANS.

Les instituteurs et les artisans sont responsables des faits commis par leurs élèves et apprentis pendant le temps qu'ils sont sous leur surveillance, à moins qu'ils ne puissent prouver qu'ils n'ont pu empêcher le fait préjudiciable. Cette règle, édictée par l'art. 1384, est basée sur la position des instituteurs et des artisans qui sont en quelque sorte au lieu et place des père et mère qui leur ont confié leurs enfants pour en prendre soin et exercer une surveillance qui leur est devenue impossible.

Nous avons vu qu'il ne fallait pas considérer comme instituteurs dans le sens de l'art. 1384 ceux qui habitent avec les parents ou qui se bornent à donner des leçons dans la journée, mais seulement ceux qui prennent dans leur domicile, pendant un temps plus ou moins long, des élèves dont ils ont la garde et envers lesquels ils sont en quelque sorte les délégués de l'autorité paternelle. Toutefois, il est juste de dire que ce n'est que pendant ce temps qu'ils sont responsables, et qu'une fois ce temps écoulé, la responsabilité, cessant pour eux, retombe sur les père et mère.

Par instituteur, on doit entendre toute personne chargée de diriger l'éducation d'un enfant, toute personne substituée aux parents à quelque titre que ce soit [1]. La responsabilité des instituteurs et des artisans est générale comme celle des père et mère; elle comprend tous les faits dommageables commis par les élèves et apprentis, peu importe qu'ils fussent ou non dans l'exercice de leurs fonctions. M. Duranton [2] veut que la responsabilité des maîtres et des artisans soit encourue même à raison des faits de leurs élèves et apprentis majeurs : l'art. 1384, en effet, ne distingue pas et dit simplement *élèves ou apprentis*; tandis que dans le premier alinéa il dit *enfants mineurs :* or, *ubi lex non distinguit nec nos distinguere debemus;* d'ailleurs, il est facile de comprendre que la loi n'ait pas établi de distinction : peu importe, en effet, la majorité; majeur ou mineur, l'élève ou l'apprenti doit obéir à son maître qui, de son côté, doit, dans l'un comme dans l'autre cas, exercer son droit de surveillance; que si l'élève ou l'apprenti est trop indiscipliné, le maître n'est pas tenu de le garder; en le rendant à ses parents, il se déchargera de toute responsabilité.

Il faut nous souvenir que nous sommes ici en matière d'exception, et ne pas raisonner par induction ou

---

[1] MM. Aubry et Rau, p. 552; Colmar, 14 juin 1830, D. P., 30, 2, 192.
[2] T. 13, n° 721. *Contra :* M. Sourdat, n° 877.

par analogie; ainsi on ne pourrait rendre le supérieur d'une communauté religieuse responsable des délits commis par un membre de cette communauté, sans enfreindre toutes les règles de la matière, puisque l'art. 1384, réglementaire sur ce point, ne parle pas des communautés religieuses, et qu'on ne peut, sans blesser le bon sens, assimiler leurs membres à des élèves ou à des apprentis [1].

Pour terminer ce qui est relatif à ce chapitre, il reste à décider si l'instituteur ou l'artisan peut avoir un recours contre l'auteur du délit. Les règles doivent être ici les mêmes que précédemment, car, pour le maître comme pour le père, c'est principalement en faveur des tiers que la responsabilité existe, la loi n'ayant pas pu entendre faire retomber indistinctement et forcément sur le maître une responsabilité qui souvent serait injuste. Mais le recours valable contre le fils ne le serait pas contre le père : ce dernier voulût-il surveiller son fils pendant qu'il est chez l'instituteur ou chez l'artisan, n'en a plus le pouvoir; la faute incombe donc seule, et avec elle la réparation, sur le maître ou sur l'artisan, à moins qu'ils ne prouvent qu'ils n'ont pu empêcher le fait dommageable. Il ne suffit pas, pour établir cette preuve, qu'il y ait eu impossibilité matérielle et immédiate; il faut aussi qu'auparavant il n'y ait eu ni imprudence ni négligence; ainsi, le maître serait complétement à couvert si le délit avait été commis pendant que le fils allait prendre ses repas chez ses parents. La position de l'instituteur donnera quelquefois lieu à des questions assez délicates, que les tribunaux résoudront

---

[1] M. Sourdat, n° 877.

suivant leur appréciation. Ainsi, un instituteur prend tout le soin désirable de ses élèves; par la considération dont il est entouré, son autorité est respectée, il est ferme et sévère quand il le faut: cependant une insurrection éclate, due aux passions du jour, à l'effervescence impossible à réprimer dans de jeunes esprits surexcités: que décider? Le maître sera déchargé de toute responsabilité: il y a force majeure. Que si, au contraire, cet instituteur, quoique réunissant toutes les conditions de savoir et de capacité, quoique surveillant avec la plus scrupuleuse attention les jeunes gens confiés à sa garde, est d'un caractère faible et craintif, ne sachant pas faire respecter son autorité; que si, dis-je, dans ces circonstances, l'insubordination des élèves se fasse jour sous un prétexte futile, qu'arrivera-t-il? Le maître, en ce cas, sera, croyons-nous, responsable du dommage causé; il y a faute de sa part; pourquoi a-t-il pris une fonction qu'il n'était pas dans sa nature de remplir? Pourquoi, lui faible, a-t-il été choisir une position où il faut de la force et de l'autorité? Pourquoi a-t-il entrepris de faire ce qui était au-dessus de sa capacité et de ses forces? On voit par ces exemples combien de points délicats peuvent être soumis à l'appréciation des tribunaux.

CHAPITRE IV.

RESPONSABILITÉ DES COMMETTANTS QUANT AUX FAITS DE LEURS PRÉPOSÉS.

L'art. 1384 déclare que les commettants sont responsables des délits et quasi-délits de leurs préposés dans l'exercice des fonctions qui leur ont été confiées. Ils le sont même dans le cas où il n'aurait pas été en leur pouvoir d'empêcher le fait dommageable : c'est là une présomption *juris et de jure*, contre laquelle la preuve contraire n'est pas admise. Pourquoi cette responsabilité? Pourquoi cette dérogation à la règle fondamentale de la personnalité des fautes? La loi romaine nous en donne déjà la raison en disant : « *Aliquatenùs culpæ reus est quod opera malorum hominum ùteretur* [1]. » Pothier la justifie par ces quelques mots : « Ceci a été établi pour rendre les maîtres attentifs à ne se servir que de bons domestiques [2]. » Bertrand de Greuille, dans son rapport au Tribunat, disait de même : « N'est-ce pas le service dont le maître a profité qui a produit le mal qu'on le condamne à réparer? N'a-t-il pas à se reprocher d'avoir donné sa confiance à des hommes méchants, maladroits ou ignorants? Et serait-il juste que des tiers demeurassent victimes de cette confiance inconsidérée qui est la cause première, la véritable source du dommage qu'ils éprouvent [3]?» Les raisons données par les autorités dont nous venons de parler démontrent suffisamment que le législateur a sagement agi en sanctionnant une disposition qui peut paraître dure et arbitraire au premier abord. Le commettant, en effet, n'emploie un préposé qu'après l'avoir accepté; et par cela même qu'il le choisit, il doit s'assurer préalablement de sa probité, de sa capacité, c'est-à-dire de son aptitude morale, intellectuelle et physique à remplir sa fonction sans dommage pour les tiers : en le présentant à la confiance de ces tiers, il s'est tacitement porté garant de la sécurité des relations qu'il établissait entre

[1] *ff. De obl. et act.*, § 6.
[2] *Obl.*, t. 1, n° 121.
[3] Locré, 13, p. 42, n° 14.

eux et lui; si le choix est mauvais, il y a faute, imprudence, par suite responsabilité. D'un autre côté, il doit
le surveiller, le diriger, il lui donne des ordres et des
instructions; le préposé n'est, en définitive, qu'un instrument passif lorsqu'il est dans l'exercice de ses fonctions, c'est en quelque sorte une machine qui n'agit
que par l'impulsion qui lui est donnée.

Avant d'examiner quelques exemples, disons d'abord
ce qu'on doit entendre par commettant et par préposé.
Le contrat qui les lie l'un à l'autre tient à la fois, dans
certains cas, du louage d'ouvrages ou de services et du
mandat. Il tient du louage d'ouvrages et de services par
sa nature, en ce sens qu'il a pour objet, soit la gestion
d'un commerce, soit la direction d'une exploitation ru-
rale, et qu'il est la majeure partie du temps salarié : il
tient du mandat en ce sens qu'il peut être gratuit et
qu'il donne au préposé un caractère représentatif, car le
préposé n'agit pas en son nom personnel, il agit pour
le compte du commettant. « L'on entendra plus par-
ticulièrement par préposé, dit M. Sourdat, la personne
qui tient la place d'une autre dans une gestion commerciale ou une autre analogue; qui, d'ailleurs, ne procède que sous ses ordres, sous la direction et la surveillance du commettant, de telle sorte que c'est toujours
celui-ci qui est censé agir à chaque instant par l'entre-
mise de son préposé [1]. »

Ces principes posés, il y aura lieu à responsabilité,
lorsque trois conditions seront réunies : 1° choix volontaire et libre du préposé que l'on veut mettre en rap-

---

[1] No 887. Voir sur ces points : M. Troplong, *Mandat*, nos 233 à
237, nos 164 et suiv.; Pothier, *Mandat*, nos 23, 24, 26 et 27.

port avec les tiers; 2° pouvoir du commettant de donner des instructions et des ordres au préposé pour lui indiquer la manière de remplir les fonctions auxquelles il est employé, c'est-à-dire droit de commandement et droit de surveillance, par conséquent, relation de commettant à préposé; 3° faute commise par le préposé *dans l'exercice de ses fonctions*, l'art 1384 est formel, sur ce point il ne peut présenter de difficulté que dans l'application du droit au fait. Ces trois conditions étant réunies, la responsabilité de la faute incombera nécessairement sur le commettant.

Tels sont les principes générau qui doivent régler la matière de ce chapitre, ils sont stes et sages, ils paraissaient simples, et cependant dau la pratique rien n'est plus difficile quelquefois que de marquer la limite de leur appréciation. Nous allons entrer dans l'examen de quelques exemples.

Les commis d'un négociant, chargés de vendre, de recevoir, d'acheter les marchandises, sont les réposés de ce négociant; si des marchandises ont été emises dans ses magasins pour être vendues en commission et qu'elles aient été détournées par les commis, le négociant sera tenu de réparer le dommage et de payer à l'expéditeur l'indemnité justement réclamée[1]. Le mécanicien et le chauffeur d'un bateau à vapeur qui, par un excès de chauffage, ont causé l'explosion de la machine, rendent le propriétaire du navire civilement responsable[2]. Les officiers de louveterie sont des commettants dans leurs rapports avec leurs piqueurs et doivent

[1] C. Bruxelles, 10 Janv. 1811, S., 332.
[2] Cass., 20 mars 1854, D. P., 235.

par conséquent répondre du dommage causé par ces derniers pendant une partie de chasse[1].

Une question qui s'est présentée assez souvent dans la pratique est celle de savoir si l'ouvrier d'une profession reconnue et déterminée, un couvreur, un tonnelier, par exemple, rend le propriétaire qui l'emploie civilement responsable lorsqu'il commet un dommage dans l'accomplissement du travail qui lui est confié. Toullier décide cette question affirmativement[2]. MM. Aubry et Rau et Sourdat la décident négativement : nous préférons cette seconde opinion[3]. Par préposé on ne peut entendre que l'agent qu'on a à ses ordres ou à son service habituels, qu'on a chargé d'un emploi permanent, et qui reçoit pour cet emploi des instructions permanentes aussi, qui supplée dans des actes divers et continus le commettant : si les mots *commettants* et *préposés* devaient être pris dans un sens absolu, il n'y aurait pas de cas dans lequel celui qui chargerait un autre d'exécuter pour son compte, soit chez lui, soit hors de chez lui, un ouvrage quelconque, ne serait exposé à répondre des dommages que l'ouvrier pourrait causer en exécutant cet ouvrage. Les circonstances de liberté, de choix et de droit de commandement ne sont pas dans la question, puisque le propriétaire emploie momentanément et accidentellement un ouvrier d'une profession connue et déterminée, étrangère aux habitudes et aux connaissances de ce propriétaire : d'ailleurs il n'y

[1] C. Nancy, 31 janvier 1844.

[2] T. 11, n° 285.

[3] MM. Aubry et Rau, t. 3, p. 552; Sourdat, n° 890; Cass., 25 mars 1824, D. P., 31, 1, 263; Douai, 25 juin 1841, D. P., 42, 2, 61. *Contra:* C. Paris, 15 avril 1847, D. P., 47, 4, 423; Cass., 13 déc. 1856, D. P., 57, 1, 75.

a pas place pour la présomption de négligence qui est la base de la loi, car il n'y a pas là le droit absolu de commandement qui pèse sur le préposé ordinaire, puisqu'il n'y a pas de subordination entre le propriétaire et les ouvriers qu'il emploie aux travaux de leur métier. Nous raisonnons dans le cas où l'ouvrier est capable et intelligent, mais, s'il était d'une incapacité notoire, le maître serait responsable, non en vertu de l'art. 1384, mais bien de l'art. 1383, car le dommage serait une suite directe de son imprudence et de sa négligence; on comprend combien les conséquences seront différentes quant à la preuve.

Le *fermier* peut-il être considéré comme le préposé du propriétaire de l'immeuble? Les mêmes principes que nous venons de développer serviront à décider cette question négativement : il n'y a pas droit de commandement de la part du propriétaire, il n'y a pas subordination de la part du fermier, qui est libre de ses actes, sans qu'on puisse venir lui imposer, soit une surveillance, soit une direction [1].

Nous avons dit qu'il fallait, pour que le commettant fût responsable, que le préposé eût commis le dommage dans l'exercice de ses fonctions. Cette règle est de toute justice, car, sans cette condition, il n'y aurait pas relation de commettant à préposé, il n'y aurait pas fait rentrant dans l'exercice de l'emploi et de la fonction. Pour résoudre la question de savoir quand il y aura, oui ou non, lieu à responsabilité, on devra considérer la nature de l'acte : est-il le résultat d'un exercice mauvais de la fonction ou bien le dommage est-il causé par un fait étranger à la fonction? Dans le premier cas,

---

[1] M. Sourdat, n° 895, Dalloz, *Resp.*, n° 616; Cass., 12 juin 1855, D. P., 55, 1, 422.

le commettant est responsable; dans le second, il ne l'est pas. Ainsi, qu'un ouvrier employé par un entrepreneur, en réparant un toit, laisse tomber une tuile et blesse un passant, l'entrepreneur sera tenu, mais il en sera différemment s'il commet un vol dans une maison où il prend ses repas : par application de ces principes, une compagnie de chemin de fer ne peut être déclarée responsable du fait d'un employé qui en dehors de ses fonctions coupe sur un registre à souches huit obligations qui n'avaient qu'une signature sur les trois nécessaires, ajoute deux fausses signatures et négocie les titres qu'il a volés[1].

Les commettants ne peuvent comme les père et mère se décharger de la responsabilité en prouvant qu'ils n'ont pu empêcher la réalisation du fait dommageable causé par leurs préposés : cela résulte de ce que, avant de donner un emploi au préposé, avant de le mettre en rapport avec les tiers, le commettant a dû s'informer de son aptitude, il avait le choix, son choix a été mauvais, il est dès lors responsable[2]. Le commettant a son recours contre le préposé lorsque ce dernier a été en faute, les règles sont les mêmes que celles développées précédemment.

La responsabilité existe non-seulement relativement au dommage causé par les préposés à l'égard des tiers, mais encore par les préposés entre eux. Toutefois on doit faire une distinction posée en ces termes par MM. Aubry et Rau : « ils (les maîtres et commettants) ne répondent pas, en général, et à moins d'une faute ou d'une im-

----

[1] C. Paris, 19 mai 1848, S., 299.

[2] MM. Aubry et Rau, t. 3, p. 552, et les auteurs et arrêts cités à la note 18.

prudence qui leur soit personnellement imputable , des accidents arrivés à leurs ouvriers ou préposés dans l'exécution du travail auquel ils les ont employés [1]. »

CHAPITRE V.

RESPONSABILITÉ DES MAÎTRES A RAISON DES FAITS DE LEURS DOMESTIQUES.

Les principes généraux développés dans le chapitre précédent s'appliquent ici. Le maître est directement responsable des faits résultant d'ordres formels donnés à son domestique : ainsi, qu'un maître envoie son berger faire paître ses troupeaux dans la forêt voisine dans laquelle il n'a aucun droit d'usage, la responsabilité qui sera encourue devra être tout à la fois pénale et civile. Le maître sera responsable, si l'acte a été commis par le domestique dans l'exercice de ses fonctions, quand bien même un ordre spécial n'aurait pas été donné, l'alinéa 5 de l'art. 1384 n'est pas applicable ici : seulement si le domestique est en faute, le recours pourra avoir lieu contre lui [2]. Un exemple fera comprendre ce principe.

Si un conducteur, profitant de l'isolément d'une jeune fille dans sa voiture, se livre sur elle à des actes répréhensibles, l'administration sera responsable parce qu'il y aura exercice abusif de la fonction, le conducteur ayant commis ces actes de violence lorsque sa fonction l'obligeait à conduire honnêtement et sûrement les voyageurs; l'administration aura toutefois son recours

[1] MM. Aubry et Rau, p. 551.

[2] L'art. 8 du tit. II de la loi du 6 oct. 1791 portait formellement que les domestiques seraient à leur tour responsables de leurs délits envers ceux qui les employaient.

plein et entier contre le conducteur. Mais si un concierge, par exemple, facilite des relations de débauche entre une domestique de la maison et des tiers, le maître ne sera pas responsable, car il n'y aura pas là abus de la fonction du concierge vis-à-vis de la domestique dont on ne lui avait confié ni la moralité ni la garde; ce n'est pas là la faute commise dans l'exercice des fonctions, les mêmes faits auraient pu être accomplis par la même personne, alors qu'elle n'eût été que locataire dans la maison au lieu d'être concierge; on voit donc que ce n'est pas en tant que concierge et dans cet emploi qu'elle les a réalisés.

L'art. 106 du Code forestier déroge à notre matière en ce sens que le délit étant même commis en dehors des fonctions des domestiques, le maître n'en sera pas moins responsable, mais il pourra alors user du bénéfice du dernier alinéa de l'art. 1384; aussi la Cour de cassation a-t-elle décidé que le maître était responsable de ses domestiques comme le père de ses enfants et dans les mêmes conditions[1]. Qu'arrivera-t-il lorsque le domestique en dehors de ses fonctions commettra un fait que le maître pouvait empêcher? Le Code ne dit pas un mot de la responsabilité encourue dans ce cas, il ne parle absolument que du dommage causé par le domestique dans l'exercice de ses fonctions; or, *qui dicit de uno negat de altero*. L'obéissance du domestique n'est forcée que pour les faits de son service, les termes de l'art. 1384 le prouvent. Ce serait donc par suite de son autorité seule, c'est-à-dire d'un fait plus ou moins douteux, que le maître aurait pu empêcher le dommage; nous croyons que ce n'est pas suffisant

[1] Cass., 9 janv. 1845., S., 548.

pour engager la responsabilité. L'opinion contraire n'est dictée que par un sentiment d'équité que l'on comprend fort bien du reste ; le vrai coupable n'offre la majeure partie du temps aucune garantie, pourquoi ne pas faire retomber la faute sur le maître qui aurait peut-être pu empêcher un fait coupable, blâmable au plus haut degré? Mais la loi ne peut admettre un semblable tempérament, ce dont elle se préoccupe, c'est de la nature de l'acte seul et non de l'intérêt plus ou moins grand qui peut s'attacher à la partie lésée.

Enfin, comme dernière question, on peut se demander si le maître est tenu de payer le prix des marchandises achetées à crédit en son nom par son domestique. Le domestique se trouve ici dans l'exercice de ses fonctions et, en principe, le maître sera responsable : seulement la faute pourra être mitigée ou même annihilée suivant les diverses circonstances de fait qui pourront se présenter ; si, par exemple, le maître avait prévenu le marchand qu'il ne voulait pas de crédit, ou bien s'il était seulement dans ses habitudes de payer aussitôt la marchandise achetée, ou enfin, si le maître achetait tantôt au comptant, tantôt à crédit. Dans le premier cas, il y aura responsabilité compensée; dans le second, responsabilité partagée; dans le troisième, responsabilité complète[1].

Nous venons de parcourir les différents cas de responsabilité du fait d'autrui, hormis ceux relatifs à la responsabilité de l'État et des communes, que nous n'avons pas cru devoir faire entrer dans le cadre que nous

---

[1] Duranton, t. 18, n° 220; Dalloz, *Resp.*, n° 702; M. Sourdat, n° 928; Cass., 22 janv. 1812, S., 13, 1, 224; C. Paris, 28 avril 1838, D. P., 123.

nous sommes tracé, à cause de leur trop grande étendue: notre sujet se borne au chap. II du tit. IV qui a pour rubrique : *Des engagements qui se forment sans convention ;* en conséquence, nous ne parlerons pas de deux sortes de responsabilité qui ont une grande analogie avec notre travail, mais qui, toutefois, n'y rentrent pas nécessairement : je veux parler de la responsabilité de l'aubergiste et de celle du voiturier; en effet, dans l'un et l'autre cas, nous ne sommes plus dans la classe des engagements qui se forment sans convention : il y a entre l'hôtelier et le voyageur un contrat exprès ou tacite que Domat formule en ces termes : « L'hôtelier s'oblige de loger et de garder ses hardes, chevaux et autres équipages, et le voyageur de sa part s'oblige à payer la dépense [1]. » Les voituriers sont assimilés aux aubergistes : dans l'un et l'autre cas, la volonté des parties intervient primitivement pour former l'engagement.

[1] Lois civ., liv. 1, tit. 16, sect. 1. Le seul cas de responsabilité de l'aubergiste qui rentre directement dans notre sujet est celui énoncé dans l'art. 73 du Code pén. : la lecture de l'article suffit, il ne peut y avoir discussion.

Troisième partie.

RESPONSABILITÉ A RAISON DES CHOSES QUE L'ON A SOUS SA GARDE.

TITRE PREMIER.

RESPONSABILITÉ EN RAISON DES ANIMAUX.

La loi romaine, nous l'avons vu, permettait au propriétaire d'abandonner l'animal pour réparation du dommage qu'il avait causé. La coutume de Bretagne (art. 640) et quelques autres encore conservèrent ces principes du droit romain, qui furent toutefois abandonnés par la majeure partie des pays de droit coutumier[1].

Le Code a complétement rejeté ce système pour en consacrer un plus sage et plus équitable; l'art. 1385 est ainsi conçu : « Le propriétaire d'un animal, ou celui qui s'en sert pendant qu'il est à son usage, est responsable du dommage que l'animal a causé, soit que l'animal fut sous sa garde, soit qu'il fut égaré ou échappé. » Peu importe, d'après la rédaction de cet article, que dans la perpétration du dommage l'animal ait agi contrairement à ses habitudes naturelles ou qu'il n'ait fait que suivre ses seuls instincts[2]. Le propriétaire d'un cheval vicieux qui en a imprudemment confié la conduite à un tiers, sera responsable des blessures faites, des accidents qui auront pu résulter, comme le chasseur le sera du dommage causé par

[1] Toullier, t. 11, p. 298.

[2] MM. Aubry et Rau, t. 3, p. 559; C. Paris, 24 mai 1810, S., 11, 2, 23.

son chien qui s'est livré seul et d'après son instinct à la chasse.

Quelques règles particulières sont établies par le Code forestier dans ses art. 199, 76 et 72. Tout animal domestique qui cause un dommage oblige celui qui le possède à le réparer. L'art. 3 de la loi du 6 octobre 1791 porte : « Tout délit rural sera punissable d'une amende ou d'une détention...... sans préjudice de l'indemnité qui pourra être due à celui qui aura souffert du dommage. » L'art. 12 du tit. II du Code rural va plus loin en disant : «Si ce sont des volailles', de quelque espèce que ce soit, qui causent le dommage, le propriétaire, le détenteur, ou le fermier qui l'éprouvera, pourra les tuer, mais seulement sur le lieu, au moment du dégât. » Ce droit de tuer les volailles n'est donné que lorsque ces animaux sont à l'abandon ; d'un autre côté, ce droit de les tuer n'emporte pas celui de s'en emparer, seulement on demandera la réparation du préjudice[1].

L'art. 12 ne parle que des volailles ; *quid juris* des pigeons ? Le décret du 4 août 1789 porte art. 2 : « Les pigeons, seront enfermés aux époques fixées par les communautés, et pendant ce temps ils seront regardés comme gibier, et chacun aura le droit de les tuer sur son terrain. » Le maître du colombier, propriétaire des pigeons est tenu du dommage qu'ils causent : si c'est en temps non prohibé, on n'a pas le droit de les tuer, mais on a celui de demander la réparation des dégâts. Si c'est en temps prohibé, on a le droit de les tuer, si la chasse est ouverte, et de demander en outre une in-

---

[1] Art. 12 et art. 3 cités plus haut, combinés.

demnité : « L'équité veut, dit M. Dalloz, que le préjudice causé soit réparé; d'ailleurs, le maître du colombier a commis une faute dont il doit être déclaré responsable en laissant sortir ses pigeons en temps prohibé [1]. »

L'art. 1385 est inapplicable au gibier qui est considéré comme *res nullius :* personne n'étant maître du gibier, personne ne peut être responsable de ses dégâts. En vertu des art. 524 et 564 du Code Napoléon, les lapins de garenne sont immeubles par destination; mais, comme le fait très-bien remarquer M. Sourdat, par lapins de garenne, dans le sens de cet article, il faut comprendre seulement les lapins, soit ayant des abris permanents, soit élevés et nourris par un propriétaire qui a intention de les conserver pour sa propre consommation, ou bien pour les vendre, et non pas ceux qui se seront réunis dans une forêt d'après leur instinct, mais sans être nullement attirés par le propriétaire; dans ce dernier cas, les lapins de garenne sont des bêtes sauvages dans toute la force du terme, par conséquent, ils ne peuvent être réputés la chose du propriétaire ni engager sa responsabilité [2]. Toutefois, si le propriétaire empêchait de détruire les lapins qui causent dommage aux champs, il serait responsable, non en vertu de l'art. 1384, mais de l'art. 1383, parce qu'il y a négligence de sa part de les laisser multiplier dans son bois au point de devenir nuisibles aux propriétés voisines, lorsqu'il n'a pas voulu les détruire par lui-même, et a refusé aux voisins qui le lui deman

---

[1] MM. Dalloz, *Resp.*, n° 733; Merlin, *Gib.*, 540; Toullier, t. 11, n° 303; Sourdat, n° 1157.

[2] MM. Aubry et Rau, p. 558, et les auteurs et arrêts cités à la note 3.

daient la permission de les détruire: *Qui occasionem præstat damnum fecisse videtur*[1].

Ce que nous venons de dire des lapins de garenne doit s'appliquer par analogie à toute espèce de gibier nuisible, le propriétaire sera responsable toutes les fois qu'il n'aura pas voulu, lorsque la multiplication sera devenue excessive, les laisser détruire par les voisins; car la loi, en consacrant le principe que chacun peut user de sa chose comme il lui plaît, y a ajouté la condition à celui qui en use, de n'être pas nuisible à autrui.

Nous avons dit que l'art. 1485 s'applique aux animaux qui causent dommage, soit *secundum naturam*, soit *contra naturam*. Il y a faute, dans l'un comme dans l'autre cas, de la part du propriétaire, et il ne pourrait se décharger de sa responsabilité que s'il prouvait qu'il n'avait pu empêcher le fait préjudiciable, et qu'aucune négligence, soit antérieure, soit concomitante, pût lui être imputable. Ainsi, que le gardien d'un taureau l'excite, et que celui-ci cause un dommage, le maître sera responsable, sauf son recours contre son préposé. Si ce n'est pas le gardien, mais un tiers qui excite l'animal, ce dernier seul répondra. Lorsque deux animaux se battent, et que l'un meurt, s'il a été l'agresseur, son propriétaire ne pourra demander de réparation, mais ce sera le contraire s'il a été attaqué. Dans le doute sur le point de savoir quel a été l'agresseur, le propriétaire de l'animal tué devra considérer ce dommage comme un cas fortuit et le supporter seul par conséquent[2].

Tels sont quelques-uns des exemples qui servent d'ap-

[1] *ff.* l. 30, § 3, *ad leg. Aq.*
[2] Toullier, t. 11, n° 316; M. Sourdat, n° 1166.

plication aux principes que nous venons de poser, mais on comprend combien les faits peuvent faire varier les décisions; c'est pourquoi, une fois les règles fondamentales posées, quelques espèces suffisent pour indiquer comment on doit appliquer le droit au fait.

L'action en responsabilité est donnée contre celui qui, au moment où le dommage a été commis, avait l'animal sous sa garde : si c'est un préposé, le maître sera responsable; mais si c'est un locataire, ce dernier seul devra réparer le préjudice éprouvé. Si le locataire ou le prêteur, cause du dommage, était insolvable, pourrait-on recourir contre le propriétaire? Évidemment non, car on chercherait vainement dans le Code cette dérogation au principe de la personnalité des fautes[1]. L'action passe aux héritiers et successeurs de ceux qui ont éprouvé le préjudice, et existe non-seulement contre ceux qui devaient répondre du dommage, mais encore contre ses héritiers ou successeurs.

Quand il n'y a pas lieu à poursuites pour délit ou contravention, c'est-à-dire quand une condamnation à des dommages-intérêts peut seule intervenir, la prescription est trentenaire.

TITRE II.

RESPONSABILITÉ A RAISON DES CHOSES INANIMÉES.

L'art. 1386 porte : « Le propriétaire d'un bâtiment est responsable du dommage causé par sa ruine, lors-

---

[1] MM. Dalloz, *Resp.*, n° 744, et Aubry et Rau, p. 558, note 1, pensent que la disposition de l'art. 12, tit. II de la loi du 6 oct. 1791 ne peut être étendue par voie d'analogie.

qu'elle est arrivée par une suite du défaut d'entretien ou par le vice de sa construction. »

Cet article n'est qu'une application du principe posé dans l'art. 1383, qui nous déclare responsables du dommage causé par notre négligence : nous pouvons jouir d'une manière absolue de notre propriété, mais à condition de ne pas nuire à autrui : *in suo alii hactenus facere licet, quatenus nihil in alienum inmittat.* La loi, dans l'art. 1386, n'a rien de limitatif; en citant la chute d'un bâtiment, elle n'a voulu parler que du cas le plus fréquent; tout dommage résultant d'un vice de la chose entraîne la responsabilité du propriétaire. Ainsi, la Compagnie concessionnaire d'un canal serait responsable du dommage causé à des chevaux qui, marchant sur le chemin de halage, se seraient noyés par suite d'un éboulement de terrain.

L'accident arrivé par défaut d'entretien est bien et dûment la faute du propriétaire, mais on n'en pourrait dire autant de celui qui serait le résultat d'un vice de construction : dans ce dernier cas, le propriétaire pouvait ignorer la malfaçon de sa chose, n'ayant pas les connaissances spéciales, et s'étant fié à un architecte; il sera néanmoins tenu, sauf son recours contre l'architecte, car les tiers auxquels la chute d'un bâtiment cause un préjudice ne connaissent que le propriétaire, et ne peuvent dès lors s'adresser qu'à lui seul. L'action *damni infecti* du droit romain n'existe plus aujourd'hui; toutefois, le propriétaire menacé par le mauvais état d'un bâtiment voisin n'est pas obligé d'attendre tranquillement qu'il tombe en ruine; il pourra s'adresser à l'autorité chargée de la police de la voirie, mais dans le cas seulement où le bâtiment menaçant ruine sera situé sur la voie publique[1]. Dans les autres cas, ne pourrait-on pas contraindre le propriétaire du bâtiment à démolir, ou se faire autoriser à opérer la démolition à ses dépens? Nous croyons qu'il est impossible de ne pas voir un trouble réel à la possession du voisin dans l'existence d'un édifice qui menace incessamment sa sûreté et celle de sa famille. Domat disait déjà, tout en refusant au propriétaire l'action *damni infecti :* « Si, après la sommation ou l'assignation en justice, le propriétaire du bâtiment dont la chute peut nuire au voisin néglige d'y pourvoir, celui qui voit son héritage en danger par la chute de l'autre peut demander par provision qu'il lui soit permis de faire lui-même ce que les experts jugeront nécessaire pour prévenir la chute de ce bâtiment, soit en l'appuyant ou démolissant s'il en est besoin, et il recouvrera contre le propriétaire la dépense qu'il y aura faite[2]. »

L'action est fondée sur le principe de l'art. 1386, d'après lequel chacun peut user à volonté de sa chose, à condition qu'elle ne pourra nuire à autrui; or, évidemment il y a ici un droit actuel fondé sur un intérêt évident : la crainte de l'écroulement de la maison voisine est un péril sérieux pour le propriétaire, pour sa famille, pour ses locataires qui peuvent quitter leurs logements par suite des craintes qu'ils éprouvent. Nous dirons enfin, avec la cour de Bordeaux, qu'il serait étrange de forcer le propriétaire à attendre les effets de l'imprudence ou de la négligence du voisin, pour

---

[1] L. 16-24 août 1790, t. 11, art. 3; l. 22 juillet 1791, art. 29; arrêté 12 mess. an VIII, art. 21; Code pén., art. 471, § 5.

[2] Lois civ., l. 2, t. 8, sect. 3, n° 2; Rousseau de la Combe, *Jur., civ., Dommage*, sect. 3.

qu'à ce moment seulement sa demande pût être recevable [1].

Le propriétaire de la maison tombée en ruine doit
indemniser tous ceux qui ont souffert du dommage et
par conséquent les locataires de la maison voisine, si
leurs meubles, par exemple, ont été détériorés.

Si le bâtiment écroulé était soumis à un usufruit, il
faudrait appliquer les principes émis dans les art. 605
et suivants. Toutefois ce sera toujours le propriétaire
qui sera responsable, car l'art. 1386 est formel sur ce
point; seulement, suivant les cas, il aura ou il n'aura
pas son recours contre l'usufruitier. Il pourra toujours
sommer ce dernier d'opérer les réparations et à défaut
les faire exécuter lui-même, sauf à s'en faire tenir
compte si ce sont des réparations qui tombent à la
charge de l'usufruitier; dans le cas contraire, c'est-à-
dire s'il s'agit de grosses réparations, l'usufruitier paiera
les avances et se fera rembourser à la fin de l'usufruit, ou bien il tiendra compte des intérêts [2].

La réparation devra être complète, seulement elle
n'aura pas lieu lorsque le dommage résultera d'un cas
fortuit ou de force majeure. Ainsi, qu'une inondation
entraîne mes matériaux et aille les déposer sur une propriété éloignée, je ne serai pas tenu; toutefois, si je les
revendique, je devrai les reprendre tous et tenir compte

---

[1] Merlin, *Rép.*, *Bâtiment*; Henrion de Pansey, *Comp. des jug. de
paix*, p. 336; Toullier, t. 2, n° 317; Dalloz, *Resp.*, n° 768; M. Sourdat, n° 1174; Cour de Bordeaux, 18 mai, 1849, S., 50, 2, 183; Rennes,
23 mars 1843, D. P., 44, 2, 122; *Contra* : MM. Aubry et Rau, t. 3,
p. 560, note 10; Duranton, t. 13, 729; S., *Dissertation*, 25, 2, 290;
C. Douai, 16 avril 1856, D. P., 57, 2, 71.

[2] MM. Aubry et Rau, t. 3, p. 559.

du dommage que je pourrai causer en les faisant sortir de la propriété sur laquelle ils se trouvent.

Quant à la responsabilité à raison du préjudice éprouvé par un établissement industriel, nous en avons parlé au chap. Ier du tit. II de la première partie : nous ne reviendrons pas sur les développements que nous avons donnés.

PROPOSITIONS.

DROIT ROMAIN.

I. Le possesseur de bonne foi est propriétaire des fruits une fois qu'ils sont séparés du sol.

II. L'usufruitier, qui a construit ou ajouté quelque chose à des constructions, n'a pas le droit de se faire rembourser la plus-value, lors de l'extinction de l'usufruit.

III. Dans l'action négatoire, le fardeau de la preuve incombe au demandeur; il n'a qu'une chose à prouver, c'est qu'il est propriétaire.

DROIT CIVIL FRANÇAIS.

I. Les baux n'ayant pas date certaine avant l'expropriation peuvent être opposés à l'expropriant.

II. L'enfant donataire en avancement d'hoirie, renonçant à la succession, ne peut cumuler à la fois la portion disponible et sa part dans la réserve.

III. Le tiers détenteur prescrit contre l'action hypothécaire malgré la non-exigibilité de la créance, qu'elle soit à terme ou conditionnelle, pendant tout le temps qui précède le terme ou l'événement de la condition.

IV. La maxime *electa una via...* ne reçoit son application que dans les cas pour lesquels la loi s'en est formellement expliquée.

DROIT CRIMINEL.

I. L'interdiction légale ne peut résulter d'une condamnation par contumace.

II. La tentative d'avortement n'est jamais punissable.

III. La violence est l'élément constitutif des crimes de viol et d'attentat à la pudeur.

DROIT DES GENS.

I. Le lit des cours d'eau non navigables ni flottables est la propriété des riverains.

II. Les stipulations des traités, relativement à la navigabilité des fleuves internationaux, l'emportent sur les droits de propriété des riverains.

Srasbourg, le 12 janvier 1859.
Le Doyen intérimaire,
C. H. HEPP.

Vu par le Président de la thèse,
SCHÜTZENBERGER

Permis d'imprimer,
Strasbourg, le 14 janvier 1859.
Le Recteur, DELCASSO.

TABLE DES MATIÈRES.

DROIT ROMAIN.

Du Mariage.

DROIT CIVIL FRANÇAIS.

De la responsabilité civile en matière de délits et de quasi-délits.

De la responsabilité civile en matière de délits et de quasi-délits d'après le Code Napoléon.